V&R

Kölner Reihe – Materialien zu Supervision und Beratung

Herausgegeben von der Deutschen Gesellschaft für Supervision e.V. (DGSv)

Band 1

Rolf Haubl / G. Günter Voß (Hg.)
Riskante Arbeitswelt im Spiegel der Supervision
Eine Studie zu den psychosozialen Auswirkungen
spätmoderner Erwerbsarbeit

Rolf Haubl / G. Günter Voß (Hg.)

Riskante Arbeitswelt im Spiegel der Supervision

Eine Studie zu den psychosozialen Auswirkungen
spätmoderner Erwerbsarbeit

Vandenhoeck & Ruprecht

Bibliografische Information der Deutschen Nationalbibliothek

Die Deutsche Nationalbibliothek verzeichnet diese Publikation in der
Deutschen Nationalbibliografie; detaillierte bibliografische Daten sind
im Internet über http://dnb.d-nb.de abrufbar.

ISBN 978-3-525-40333-4
ISBN 978-3-647-40333-5 (E-Book)

© 2011, Vandenhoeck & Ruprecht GmbH & Co. KG, Göttingen/
Vandenhoeck & Ruprecht LLC, Oakville, CT, U.S.A.
www.v-r.de
Alle Rechte vorbehalten. Das Werk und seine Teile sind urheberrechtlich
geschützt. Jede Verwertung in anderen als den gesetzlich zugelassenen Fällen
bedarf der vorherigen schriftlichen Einwilligung des Verlages. Hinweis zu § 52a
UrhG: Weder das Werk noch seine Teile dürfen ohne vorherige schriftliche
Einwilligung des Verlages öffentlich zugänglich gemacht werden. Dies gilt auch
bei einer entsprechenden Nutzung für Lehr- und Unterrichtszwecke.
Printed in Germany.
Satz: Fernando Aguado Menoyo, Köln
Druck und Bindung: Hubert & Co, Göttingen
Gedruckt auf alterungsbeständigem Papier.

Inhalt

Zur Einführung
Rolf Haubl und G. Günter Voß 7

Forschungsprozess und Methodenfahrplan der Untersuchung
Rolf Haubl 8

Professionalität und Qualität der Arbeit
Christoph Handrich 11

Leistung
Nora Alsdorf und Saskia M. Fuchs 18

Führung
Ullrich Beumer 27

Kollegialität
Bettina Daser 38

Flankierende Befunde anderer Forschergruppen
Rolf Haubl 46

Strukturwandel der Arbeit
G. Günter Voß 51

Selbstfürsorge
Bettina Daser und Anke Kerschgens 57

Supervision 2008: Schlaglichter auf Veränderungen in der Profession
Julian Fritsch 68

Autorinnen und Autoren 75
Anhang 1: Wiederabdruck der ersten Ergebnisdarstellung 77
Anhang 2: Fragebogen 88
Anhang 3: Programm der Tagung zur Studie, Tutzing 92
Anhang 4: Programm der Tagung zur Studie, Berlin 96
Zusammenfassung 100
Abstract 102

„Die Art und Weise, wie eine Gesellschaft die Arbeit und die Arbeitsbedingungen organisiert, sollte eine Quelle der Gesundheit und nicht der Krankheit sein."

(Ottawa-Charta der WHO 1986)

Zur Einführung

Rolf Haubl und G. Günter Voß

Zwei Arten von Supervisionsforschung lassen sich unterscheiden: Im ersten Fall ist Supervision der Gegenstand der Forschung, zum Beispiel dann, wenn Supervisionsprozesse evaluiert werden, im zweiten Fall ist Supervision ein Instrument der Forschung. Als Instrument wurde Supervision bislang wenig genutzt: Supervisor/innen haben einen spezifischen, durchaus privilegierten Zugang zur Wirklichkeit von Beschäftigten und deren beruflichem Handeln in Organisationen. Privilegiert ist dieser Zugang nicht zuletzt deshalb, weil Supervisor/innen ihren Supervisand/innen, seien es einzelne Personen oder Teams, in einem geschützten Raum begegnen, der die Bereitschaft der Supervisand/innen erhöht, sich und ihre berufs- und arbeitsbezogenen Probleme zu enthüllen.

Supervisor/innen zur Sondierung einzusetzen, heißt, einen mehrstufigen Filter in Kauf zu nehmen: Einzelne Supervisand/innen oder supervidierte Teams beobachten ihre organisationalen Arbeitsbedingungen; Supervisor/innen beobachten, wie ihre Supervisand/innen deren organisationalen Arbeitbedingungen beobachten; Forscher/innen beobachten die Supervisor/innen, wie sie deren Supervisand/innen bei der Beobachtung ihrer organisationalen Arbeitsbedingungen beobachten.

Führt man diese Beobachtungen zusammen, dann kommt es zu einer Verdichtung der praktischen Erfahrungen, die Supervisor/innen in ihren Supervisionsprozessen machen und die allmählich zu mehr oder weniger reflektierte Evidenzen oder sogar Konzepten – subjektive Theorien, wenn man so will – werden. Je reflektierter und damit auch sprachförmiger diese Auswertung der Erfahrungen erfolgt, desto leichter fällt es, die Erfahrungen verbal zu erfassen: qualitativ mittels themenzentrierter Interviews, quantitativ mittels Fragebögen, deren Fragen aus den themenzentrierten Interviews stammen.

Das Projekt „Arbeit und Leben in Organisationen 2008" hat Supervisor/innen der Deutschen Gesellschaft für Supervision e.V. (DGSv) in der skizzierten Weise zur Sondierung genutzt. Ziel ist es gewesen, ein empirisch fundiertes Gutachten über die psychosoziale Situation von Arbeitnehmer/innen zu erstellen. In Anbetracht des Strukturwandels der Arbeitswelt, den die neo-liberale Transformation der modernen Gesellschaft betreibt, erscheint es als ein dringliches Anliegen, Belastungen festzustellen und Belastungsgrenzen auszuloten.

Mit einem solchen Gutachten, das zwei- bis dreijährig fortgeschrieben werden soll, will der Berufsverband nicht nur gesellschaftlich und mit Blick auf potenzielle Auftraggeber/innen auf sich aufmerksam machen, sondern sich zudem seiner professionellen Identität vergegenwärtigen, die im Kern eines zustimmungsfähigen Wertes bedarf.

Die vorliegende Broschüre fasst die qualitativen und quantitativen Ergebnisse der ersten Erhebungswelle zusammen, bettet sie theoretisch ein und bereitet die zweite Erhebungswelle vor.

Forschungsprozess und Methodenfahrplan der Untersuchung

Rolf Haubl

Die Gruppe der Forscher/innen besteht aus zwei lokalen Teilgruppen, eine am Sigmund-Freud-Institut in Frankfurt am Main und eine an der TU Chemnitz. Beide Gruppen haben ihre eigene, psychodynamisch-systemische oder arbeits- und organisationswissenschaftliche, Expertise. Zeitweise operieren die Teilgruppen für sich, kommen dann aber immer wieder zusammen, um ihre Ergebnisse kritisch miteinander zu vergleichen und gemeinsame Deutungsmuster zu formulieren.

Insgesamt ist die Vorgehensweise in jeder der Teilgruppen, von marginalen Unterschieden abgesehen, dieselbe:

1) Es werden 24 Supervisor/innen ausgewählt, die möglichst die Berufsgruppe der in der DGSv organisierten Supervisor/innen repräsentieren sollen. Dabei orientiert sich die Auswahl an der Mitgliederkartei, die aber zum damaligen Zeitpunkt keine hinreichenden Informationen enthält. Ob alle Gruppierungen der DGSv vertreten gewesen sind, lässt sich nicht mit Bestimmtheit sagen.

2) Die 24 Supervisor/innen werden auf 14 Einzelinterviews und 2 Gruppeninterviews aufgeteilt. Erfahrene Interviewer/innen führen die Einzelinterviews als non-direktive Forschungsgespräche entlang einer vorab von den Forscher/innen verabredeten Themenliste durch, die sie flexibel abarbeiten. Ziel ist es, die befragten Supervisor/innen zu einem gemeinsamen Reflexionsprozess anzuregen, in dem auch bislang Ungedachtes zur Sprache kommen soll. Die Gruppeninterviews mit je 5 Supervisior/innen werden als sukzessive Konfrontation durchgeführt: Die Interviewer/innen legen den Gruppenteilnehmer/innen nacheinander Fragen vor, die diese mit einem Statement beantworten. Nach einigen Runden, bei denen sich die Gruppenteilnehmer/innen nur zuhören, erhalten sie Gelegenheit, das Gehörte miteinander zu diskutieren, wobei die Interviewer/innen sie auf Widersprüche aufmerksam machen, wenn sie dies nicht selbst tun.

3) In den Einzel- wie in den Gruppeninterviews gilt es zu vermeiden, dass die befragten Supervisor/innen frühzeitig zu theoretisieren beginnen. Deshalb sind die Interviewer/innen gehalten, immer wieder nach sinnlich-konkreten Szenen aus dem Arbeitsalltag in den Organisationen zu fragen, die den Supervisor/innen von ihren Supervisand/innen in den Supervisionssitzungen erzählt worden sind. Solche Szenen sollen dann der Ausgangspunkt für Versuche sein, das Erzählte gemeinsam zu verstehen und seine Generalisierbarkeit zu ermessen: Welche Bedeutung hat eine erzählte Szene für den Arbeitsalltag und für wie typisch wird sie von den Supervisor/innen gehalten. Ingesamt ist es nicht leicht gewesen, immer wieder auf Erzählungen nachzufragen. Ein nicht geringer Teil der Äußerungen der befragten Supervisor/innen besteht aus deren subjektiven Theorien über den Arbeitsalltag in Organisationen, denen es an einer szenischen Konkretisierung mangelt.

4) Die Einzel- und Gruppeninterviews werden wörtlich transkribiert. Hinzu kommen Beobachtungsprotokolle, die von den Interviewer/innen nach jedem Interview angefertigt werden und bemerkenswerte Eindrücke festhalten, einschließlich der Gedanken, Gefühle und Handlungsimpulse, die sie während des Interviews bei sich registriert haben.
5) Die Menge der Transkripte bildet die Grundlage der Auswertung, die von der Gruppe der Forscher/innen vorgenommen wird. Alle Forscher/innen nehmen sich alle Transkripte (und Beobachtungsprotokolle) vor, lesen sie und markieren Stellen, die ihnen interessant erscheinen. Von Interesse sind vor allem die erzählten Szenen samt ihren Deutungen durch die Supervisor/innen. Anschließend werden alle markierten Stellen zusammengenommen und verglichen. Finden sich ähnliche Deutungen, verdichten sie sich. Diese verdichteten Deutungen der Supervisor/innen werden von den Forscher/innen ausformuliert und auf ihre Evidenz hin geprüft. Halten alle Forscher/innen die derart rekonstruierten Deutungen der Supervisor/innen für hinreichend treffend, werden sie (bis auf Weiters) als gültig anerkannt. Dieser Abduktionsprozess erfolgt in einem ersten Schritt für jedes einzelne Transkript und dann in einem zweiten – induktiven – Schritt über alle Transkripte hinweg.
6) Diese Verdichtung endet in einer Liste von rekonstruierten Deutungen und deren Verteilung: So gibt es Deutungen, die einzeln oder in Konfiguration mit anderen Deutungen in vielen Transkripten vorkommen, und welche, die seltener sind. Die Gesamtheit der Deutungen lässt sich als ein Register von Deutungsmustern begreifen, in dem sich die Erfahrungen der befragten Supervisor/innen mit ihren Supervisand/innen in den Supervisionssitzungen manifestieren.
7) Das Register der Deutungsmuster wird mit Hilfe des verfügbaren arbeits- und organisationswissenschaftlichen Theoriebestands – deduktiv – weiter ausformuliert, nach Bereichen gegliedert und abschließend als umfassender Ergebnisbericht veröffentlicht (siehe Anhang 1).
8) Parallel zu dem Abschluss der Interviewstudie wird das Register der Deutungsmuster von den Forscher/innen in eine große Zahl fragebogenfähiger Fragen umgesetzt. Aus diesen Fragen entsteht nach Entwicklung und Überprüfung einiger Vorformen ein Fragebogen, dessen Online-Format die DGSv auf ihre Homepage stellt (siehe Anhang 2). Dass er dort zu finden ist, erfahren die DGSv-Mitglieder in einem der üblichen Aussendungen der Gesellschaft, zusammen mit einem Motivationsschreiben, sich an der Befragung zu beteiligen. Da offenbar nicht alle der 3.600 Mitglieder über einen Internetzugang verfügen, erhalten diejenigen von ihnen, für die keine Mailadresse vorliegt, den Fragebogen mit Rückantwortumschlag per Post. Als Zeitraum für die Befragung werden zwei Wochen angesetzt. Nach dieser Zeit liegen insgesamt 999 ausgefüllte Fragebögen (918 von 3077 Kontaktierten per Online-Befragung, 81 von 473 Kontaktierten per postalischer Befragung) für eine statistische Auswertung vor. Die Rücklaufquote von 27,9 % darf als hoch gelten.

Aus welchen Gründen sich DGSv-Mitglieder nicht beteiligt haben und ob diese eine bestimmte Gruppierung bilden, lässt sich nicht sagen.

9) Niederschrift und Veröffentlichung des Ergebnisberichts, den alle DGSv-Mitglieder erhalten, erfolgen erst nach Abschluss der quantitativen Erhebung und einer ersten deskriptiven statistischen Auswertung. Beides zusammen wird von den Forscher/innen auf einer zu diesem Zweck veranstalteten Tagung in der Evangelischen Akademie Tutzing (siehe Anhang 3) interessierten DGSv-Mitgliedern präsentiert. Renommierte Referent/innen ordnen die Ergebnisse in ihre Fachgebiete ein und über einhundert Tagungsteilnehmer/innen diskutieren sie in Workshops. Dabei werden nicht nur die psychosozialen Auswirkungen eines entgrenzten und subjektivierten modernen Arbeitslebens in den Blick genommen. Die DGSv-Mitglieder diskutieren auf diesem Hintergrund auch, wie zeitgemäß ihr tradiertes professionelles und berufspolitisches Selbstverständnis ist.

10) Das Bedürfnis der DGSv-Mitglieder, sich mit den Ergebnissen der qualitativen und quantitativen Untersuchung auseinanderzusetzen, führt zu einer zweiten Tagung, an der diejenigen Supervisor/innen teilnehmen, die an der ersten Tagung wegen einer zu großen Nachfrage nicht teilnehmen konnten. Die Diskussion an der Evangelischen Akademie Berlin (siehe Anhang 4) treibt die Selbstverständigung der DGSv weiter voran und liefert zudem neue Hypothesen für die statistische Auswertung.

11) Die Untersuchung hat ein starkes Presseecho hervorgerufen (vgl. www.dgsv.de/presse_studie.php), das vermutlich durch die breite Berichterstattung im Zuge der „Finanz- und Wirtschaftskrise" noch verstärkt worden ist. Infolge dieses erfreulichen Echos sind die Forscher/innen des Öfteren zu thematisch entsprechenden Expertenforen eingeladen worden. Da das Thema der psychosozialen Belastungen am Arbeitsplatz bis heute nicht an Relevanz verloren hat, gibt es gute Gründe für die Folgeuntersuchung, die Ende 2010 an den Start gegangen ist.

Professionalität und Qualität der Arbeit

Christoph Handrich

Die Voraussetzungen professionellen Handelns innerhalb von Organisationen unterliegen in zunehmendem Maße einer Veränderung. Das professionelle Handeln wird dabei durch mehrere Faktoren beeinflusst. Auf der Grundlage einer vertiefenden Auswertung der qualitativen Daten unserer Untersuchung lassen sich verschiedene dieser Einflussfaktoren nachweisen, die im Folgenden zunächst kurz vorgestellt werden sollen.

Organisationen sind in einem zunehmenden Maße externen Zwängen und Einflüssen ausgesetzt. Diese lassen sich einerseits insbesondere im Non-Profit-Sektor auf politische Entscheidungen zurückführen: Über eine stärkere ökonomische Ausrichtung und durch den Aufbau von Markt- bzw. marktähnlicher Strukturen soll eine stärkere Konkurrenz der Organisationen und infolgedessen eine Kostenreduktion erreicht werden. Profit-Organisationen sehen sich aufgrund einer fortschreitenden Globalisierung mit einer wachsenden internationalen Konkurrenz konfrontiert. Die Verfügbarkeit moderner Massenkommunikationsmittel ermöglicht zudem eine weltweite Vernetzung der Wirtschaft. Das stellt Organisationen vor die Anforderung, auf externe Ereignisse, die ihr unternehmerisches Handeln beeinflussen, innerhalb kürzester Zeit zu reagieren. Hinzu kommen die weiterhin anhaltenden Auswirkungen der Finanz- und Wirtschaftskrise sowie zunehmende gesellschaftliche Anforderungen an die Organisationen, die nicht auf ökonomischen Faktoren beruhen, sondern vielmehr ethische und ökologische Aspekte in den Fokus der Betrachtung rücken.

Organisationen reagieren auf diese Bedingungen üblicherweise mit Maßnahmen, die eine größtmögliche Reduzierung der Kosten zum Ziel haben, was insbesondere mit einem Personalabbau einhergeht. Um die Personalkosten flexibel und auf einem geringen Niveau halten zu können, wird auch verstärkt auf atypische Beschäftigungsformen wie Leih- und Zeitarbeit zurückgegriffen. Zudem versuchen sich die Organisationen durch interne Umstrukturierungsmaßnahmen an die veränderten Anforderungen anzupassen. Diese Umstrukturierungen äußern sich häufig in einer Neuverteilung von Aufgaben, Befugnissen, Zuständigkeiten und Funktionen aufgrund veränderter Hierarchiestrukturen, aber auch in der Umstrukturierung der inneren Organisation (z. B. durch Zusammenlegen von Abteilungen, Implementierung des Cost-Center-Prinzips, Verwendung dezentraler Arbeitssteuerungselemente wie Zielvereinbarungen oder auch Projektarbeit).

Als Folge der zunehmenden Ökonomisierung und Standardisierung im Non-Profit-Bereich sowie der erhöhten Geschwindigkeit und dem stärkeren Konkurrenz- und Anpassungsdruck im Profit-Bereich sehen sich die Beschäftigten einem gewachsenen Kosten- und Zeitdruck ausgesetzt. Dieser wird vornehmlich durch knappe Kalkulationen, Ressourcenverknappungen bei gleichzeitigem Anstieg der Arbeitsbelastung,

Strukturveränderungen in den Organisationen, ein großes Maß an Unsicherheit bezüglich des Arbeitsplatzes und der Finanzierung der Organisation als Ganzes geprägt.

Die dargestellten Bedingungen, denen sich die Organisationen ausgesetzt sehen, und die damit verbundenen Anpassungs- und Umstrukturierungsprozesse wirken sich auf das professionelle Handeln der Beschäftigten aus.

Als eine direkte Folge werden den Beschäftigten häufig Aufgaben, Befugnisse und Verantwortlichkeiten übertragen, für deren Ausführung sie weder eine geeignete Qualifikation besitzen noch die entsprechenden Mittel und Ressourcen zur Verfügung gestellt bekommen. Diese Aufgaben umfassen zum Teil hoch komplexe Tätigkeiten und müssen meist zusätzlich zu bereits bestehenden Aufgaben übernommen werden. Daher ist es den Beschäftigten nicht zuletzt aufgrund des hohen Zeitdrucks und zunehmender Arbeitsverdichtung nur schwer möglich, sich die entsprechende Qualifikation nachträglich anzueignen. Im Non-Profit-Bereich beziehen sich die Tätigkeiten vor allem auf die Umsetzung und Anwendung betriebswirtschaftlicher Methoden. Die Aufgabengebiete in diesem Bereich umfassen u.a. Maßnahmen des Qualitätsmanagements, die profitorientierte Führung von Abteilungen, Projekt- bzw. Finanzierungsmittelakquise und Projektmanagement. Während in Non-Profit-Organisationen vornehmlich die Übernahme und Aneignung betriebswirtschaftlicher Methoden und Ausdrucksweisen im Vordergrund steht, sehen sich die Beschäftigten in Profit-Organisationen vor allem mit deutlich gesteigerten Flexibilitätsanforderungen konfrontiert. Diese äußern sich beispielsweise in der Notwendigkeit, innerhalb eines kurzen Zeitraumes wechselnde Aufgaben auf unterschiedlichen Positionen in verschiedenen Organisationsbereichen übernehmen zu müssen. Diese Aufgaben sind zudem häufig mit einem kompletten Wechsel der Arbeitsweise und auch der Arbeitsgrundlage verbunden. Dabei sind nicht selten unterschiedliche Aufgaben parallel zu bearbeiten, sodass die Beschäftigten gleichzeitig in mehreren Bereichen Tätigkeiten ausführen müssen, die teilweise vollkommen unterschiedliche Fähigkeiten und Qualifikationen erfordern. Die Ausführung unterschiedlicher Tätigkeiten geht zudem mit einer Zunahme von Verantwortlichkeiten in den jeweiligen Bereichen einher, weil Hierarchien zunehmend verflacht werden und somit mittlere Führungsebenen wegfallen. Dies bedeutet, dass die Beschäftigten nicht nur zunehmend mehr Aufgaben und Tätigkeiten übernehmen müssen, für deren Ausführung sie keine Qualifikations- und Ressourcengrundlage besitzen. Sie sind zudem auch für ihr gewissermaßen „unqualifiziertes" Handeln unmittelbar verantwortlich und müssen die ihnen übertragenen Aufgaben korrekt und erfolgreich durchführen.

Um unter den gegebenen Bedingungen und Anforderungen die ihnen übertragenen Aufgaben erfüllen zu können, ist es notwendig, dass die Beschäftigten sukzessiv professionelle Standards absenken. Im Non-Profit-Bereich wird dieser Umstand besonders an einer Fokusverschiebung deutlich, die den Schwerpunkt der Arbeit vom eigentlichen professionellen Gegenstand (i.d.R. der Klient, Patient, Schüler etc.) auf die Erhaltung der ökonomischen Überlebensfähigkeit der Organisation verlagert. Dies bedeutet, dass die Betreuung der jeweiligen Klientel den ökonomischen Interessen der Organisation tendenziell untergeordnet wird. Diese Vorgehensweise zeigt sich zum Einen an der Orientierung, kurzfristig und kostengünstig Ziele zu erreichen, anstatt eine prozesshafte Betreuung des jeweiligen Klientels zu priorisieren. Als Folge dieser Orientierung werden zunehmend standardisierte und scheinbar kostengünstige Maßnahmen zur Erreichung von im Vorfeld klar definierten Zielstellungen eingesetzt. Die zu verwendenden Maßnahmen ergeben sich bspw. aus der Auswertung von Dokumentationen, die im Rahmen des Qualitätsmanagements angefertigt werden. Zusätzlich ergibt sich allein aus der quantitativen Zunahme der Arbeitsaufgaben ein zeitliches Problem. Der zeitliche Mehraufwand ermöglicht immer weniger die Aufrechterhaltung der professionellen Bearbeitung eines Sachverhalts nach bisher gültigen Standards. Zeitliche Zwänge und die Orientierung an kurzfristig erreichbaren Zielen findet auch im Profit-Bereich eine weite Verbreitung. Allerdings sind die Beschäftigten einer erhöhten Geschwindigkeit ausgesetzt, was professionelles Arbeiten deutlich erschweren kann. Dies zeigt sich bspw. an einer permanenten Unsicherheit während der Arbeit. So ist es nahezu unmöglich, kontinuierlich an einem Projekt arbeiten zu können, da sich prinzipiell jederzeit die Rahmenbedingungen (Finanzierung, Kundenwünsche etc.) ändern können. Neben der Unsicherheit wird es aufgrund der Breite der Aufgabengebiete und der parallelen Bearbeitung mehrerer Projekte schwieriger, eine Aufgabe tiefer gehend zu bearbeiten. Vielmehr sind ein breites oberflächliches Wissen sowie ein oberflächliches Bearbeiten mehrerer Sachverhalte zur gleichen Zeit erforderlich. Während im Non-Profit-Bereich die Unterordnung der fachlichen Standards unter eine ökonomische Zielstellung und als Konsequenz dieser Unterordnung ein Absenken der professionellen Standards erfolgt, sind hohe Geschwindigkeit und Breite der Aufgabengebiete ein entscheidendes Kriterium für ein Absenken professioneller Standards im Profit-Bereich.

Das Handeln der Beschäftigten in Organisationen ist durch einen Aushandlungsprozess zwischen den Anforderungen der Organisation, den Anforderungen des Klientels bzw. der Kunden und den eigenen Anforderungen an die Arbeit geprägt. Die Anforderungen der Organisationen sind dabei als Rahmenbedingungen anzusehen, die das Handeln der Mitarbeiter begrenzen. Diese müssen demnach ihr eigenes Handeln sowie ggf. die Ansprüche des Klientels den gegebenen Rahmenbedingungen anpassen. Ein häufiges Ergebnis dieses Prozesses ist ein Absenken der Ansprüche an die Arbeit, um die eigene Handlungs- und Arbeitsfähigkeit zu erhalten und die organisatorischen Anforderungen erfüllen zu können. Das Handeln der Beschäftigten unterliegt zunehmend externen Einflüssen und Entscheidungen, die den eigenen Vorstellungen widersprechen können. Dennoch verlieren eigene Ziele und Wertvorstellungen nicht an Bedeutung, sondern sind aufgrund hoher Personalfluktuationen, geringer Verweildauern in den Organisationen, Strukturveränderungen und Verantwortungszuwächsen weiterhin hoch bedeutsam. Hohe Personalfluktuation, größere Organisationseinheiten und (interorganisationale) projektförmige Arbeit, die zunehmend Organisationsgrenzen aufweicht und die Beschäftigten gleichzeitig mehreren beruflichen Kontexten zuordnet, erschweren das Aufkommen kollektiver Werte. Daher steht tendenziell die Verfolgung individueller Wertvorstellungen im Vordergrund des beruflichen Handelns. Die Unsicherheit bezüglich des Arbeitsplatzes sowie die auf Kurzfristigkeit orientierten Arbeitsbedingungen verstärken die Anforderung an eine individuelle Flexibilität der Beschäftigten. Dabei ist es insbesondere im Profit-Bereich von großer Bedeutung, ein möglichst breites Tätigkeitsfeld abdecken zu können. Dies erfordert einerseits ein selbständiges Aneignen einer breiten, aber oberflächlichen Wissensbasis und andererseits die Fähigkeit, eine Kompetenz in einem bestimmten Tätigkeitsfeld darzustellen, obwohl diese nur oberflächlich vorhanden ist. Zudem gewinnt das Selbstmanagement aufgrund einer Verflachung der Hierarchiestrukturen an Bedeutung, da Mitarbeiter/innen zunehmend eigenständig Entscheidungen treffen, ihre Arbeit selbst kontrollieren und sich selbst würdigen bzw. Feedback geben müssen.

Im Folgenden sollen die aus der qualitativen Untersuchung gewonnen Erkenntnisse bezüglich des professionellen Handelns in Organisationen auf der Grundlage der quantitativen Erhebung vertieft betrachtet werden. Hierzu seien zunächst einige deskriptive Befunde überblicksartig dargestellt.[1]

Die Bedingungen zur Aufrechterhaltung professioneller beruflicher Standards geraten sukzessiv unter Druck. Demzufolge sind lediglich 20 %[2] der befragten Supervisor/innen der Ansicht, dass die Beschäftigten eigene professionelle Standards in ihrer Arbeit wahren können. Demgegenüber stehen 40 % der Befragten, die diese Ansicht nicht teilen und die Wahrung der Professionalität eher als gefährdet einschätzen. Ein ebenso großer Anteil ist sich unschlüssig, ob die Beschäftigten ihre professionellen Standards halten können.

Die Beschäftigten können eigene professionelle
Standards in ihrer Arbeit wahren (n=976)

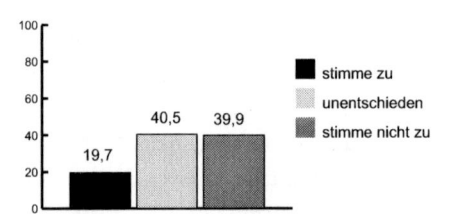

- stimme zu: 19,7
- unentschieden: 40,5
- stimme nicht zu: 39,9

Bei der Frage nach einem Aushöhlen professioneller Standards in den Organisationen zeigt sich unter den Supervisor/innen ein eindeutigeres Bild. So bestätigen knapp 60 % der Befragten eine zunehmende Aushöhlung professioneller Standards. Etwa 29 % sind hingegen der Meinung, dass die Aushöhlung der Professionalität tendenziell eher abnimmt. Eine Minderheit von 13 % sieht diese auf einem unveränderten Niveau.

---

1 Die Werte der Grafiken können aufgrund von Rundungsfehlern gegebenenfalls auf 99 % oder 101 % aufaddiert werden. Dieser Hinweis bezieht sich auf alle folgenden Grafiken dieser Broschüre.
2 Die Grafiken wurden zur besseren Veranschaulichung von Zusammenhängen von Fünferausprägungen auf Dreierausprägungen statistisch zusammengefasst.

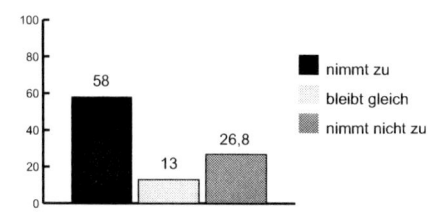

Die Aushöhlung professioneller Standards ...
(n=932)

- nimmt zu: 58
- bleibt gleich: 13
- nimmt nicht zu: 26,8

43 % der Befragten sind der Meinung, dass die Beschäftigten öfter auch Aufgaben übernehmen müssen, für die sie beruflich nicht ausreichend qualifiziert sind. Etwa ein Viertel der befragten Supervisor/innen ist dagegen der Auffassung, dass dies eher selten geschieht. Ein weiteres Viertel der Befragten sieht dies eher als ausgeglichen an.

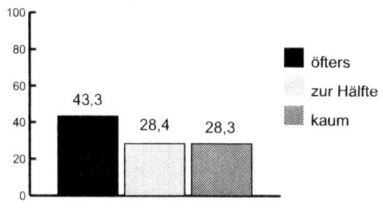

Organisationsmitgliedern werden auch solche Aufgaben zugewiesen, für die sie nicht beruflich qualifiziert sind (n=932)

- öfters: 43,3
- zur Hälfte: 28,4
- kaum: 28,3

Um den Einfluss verschiedener Variablen auf das professionelle Handeln aufzuzeigen, werden die quantitativen Daten einer multivariaten linearen Regressionsanalyse unterzogen. Zur Operationalisierung der abhängigen Variable, die den Umfang der professionellen Standards in den Organisationen erfassen soll, wird das Item „Wahrung professioneller Standards" verwendet. Hierbei werden die Befragten um ihre Einschätzung gebeten, inwieweit die Beschäftigten eigene professionelle Standards in ihrer Arbeit wahren können. Im Folgenden werden die Operationalisierungen der unabhängigen Einflussvariablen erläutert.

- Mit der Variable *Kontrollintensität* soll das Ausmaß der Einschränkung selbständiger, professioneller Arbeit durch die zunehmenden Kontrollen (bspw. durch Standardisierungen und verstärkte Dokumentationspflichten) erfasst werden. Hierzu gaben die Befragten an, inwieweit selbständiges Arbeiten durch rigide Kontrollen behindert wird.
- Die Variable *kurzfristige Orientierung* soll das Ausmaß der Ausrichtung der Organisationen an kurzfristigen ökonomischen Zielen und Erfolgen darstellen. Dabei werden die Supervisor/innen nach ihrer Einschätzung bezüglich der Orientierung von Änderungsprozessen in Organisationen an kurzfristigem ökonomischem Erfolg befragt.
- Die Variable *Kompetenzdarstellung* gibt die Meinung der befragten Supervisor/innen wieder, ob es den Organisationsmitgliedern wichtiger ist nach außen Kompetenz darzustellen, als wirklich kompetent zu sein.

- *Raum für Kreativität* gibt die Einschätzung der Supervisor/innen nach dem Spielraum für kreative Problemlösungen in den Organisationen wieder.
- *Ressourcenverfügung* bezeichnet die Einschätzung der Befragten, inwieweit die Organisation ihren Mitgliedern Ressourcen, die sie zur Erfüllung ihrer Aufgaben benötigen, zur Verfügung stellen.
- Die Variable *Anerkennung* gibt die Aussagen der Befragten bezüglich der Häufigkeit der Anerkennung von geleisteter Arbeit in Organisationen wieder.
- *Nonprofit-Profit* bezeichnet den Tätigkeitsbereich, in dem sich die befragten Supervisor/innen bewegen.
- Die Variable *Größe der Organisation* gibt an, wie hoch die Anzahl der Mitarbeiter/innen der Organisationen ist, in denen die Befragten hauptsächlich tätig sind. Diese werden in die zwei Kategorien kleine und mittlere Organisationen (bis 50 Beschäftigte) sowie große und sehr große Organisationen (über 50 Beschäftigte) unterteilt und fließen als Dummy-Variable in die Berechnung mit ein.

Die abhängige Variable sowie die unabhängigen Variablen Kontrollintensität, kurzfristige Orientierung Kompetenzdarstellung, Raum für Kreativität, Ressourcenverfügung und Anerkennung werden mittels einer fünfstufigen Likert-Skala erfasst. Die Einordnung in Nonprofit und Profit-Organisationen erfolgte mittels einer Skala, in der die Befragten frei angeben konnten, in welchem Verhältnis sich ihre Tätigkeitsfelder zwischen Profit und Non-Profit bewegen. Die Ergebnisse der Berechnungen sind in Tabelle 1 dargestellt.

Tabelle 1: Einflussfaktoren auf die Wahrung professioneller Standards in Organisationen

Modelle	1	2
Einflussvariablen		
Kontrollintensität	-0,13 (-0,14)**	-0,13 (-0,14)**
Kurzfristige Orientierung	-0,09 (-0,11)**	-0,09 (-0,11)**
Kompetenzdarstellung	-0,09 (-0,11)**	-0,09 (-0,11)**
Raum für Kreativität	0,19 (0,19)**	0,18 (0,19)**
Ressourcenverfügung	0,14 (0,13)**	0,14 (0,13)**
Anerkennung	0,09 (0,08)*	0,09 (0,08)*
Kleine & mittlere Organisationen (Ref.: große Organisationen)	-	0,05 (0,03)
Nonprofit-Profit (Ref.: Profit)	-	-0,05 (0,02)
r^2	0,24	0,24

Anmerkungen: n=863; *p<0,05, **p<0,01; Darstellung der b-Werte, β-Werte in Klammern

In Modell 1 lässt sich erkennen, dass nach den Aussagen der befragten Supervisor/innen eine hohe Kontrollintensität einen negativen Einfluss auf die Wahrung der professionellen Standards in Organisationen ausübt. Ebenso senkt eine zunehmende Orientierung der Organisationen an kurzfristigen ökonomischen Zielen sowie die nach außen gerichtete, fassadenhafte Darstellung von Kompetenz die Wahrscheinlichkeit, professionelle Standards zu erhalten. Im Gegensatz dazu lässt ein größerer Freiraum für kreative Problemlösungen, die Verfügbarkeit über notwendige Ressourcen zur Durchführung übertragener Aufgaben sowie eine häufige Anerkennung geleisteter Arbeit die Wahrscheinlichkeit der Erhaltung professioneller Standards ansteigen.

In das Modell 2 wurden zusätzlich die Variablen Nonprofit-Profit und Größe der Organisation mit in die Berechnung aufgenommen. Es lässt sich zunächst festhalten, dass sich im Vergleich zu Modell 1 keine oder nur minimale Veränderungen ergeben. Aus der fehlenden statistischen Signifikanz der neu in das Modell eingebrachten Variablen, lässt sich weiterhin schließen, dass weder die Größe der Organisation noch die Tatsache, ob es sich um eine Profit- oder Non-Profit-Organisation handelt, einen bedeutsamen Einfluss auf die Wahrung professioneller Standards ausübt und sich somit die Rahmenbedingungen für professionelles Handeln in den Organisationen eher ähneln.

Abschließend lässt sich festhalten, dass Organisationen durch externe politische, ökonomische und gesellschaftliche Faktoren beeinflusst werden. Sie reagieren darauf mit internen Anpassungsmaßnahmen, die sich zunehmend auf das professionelle Handeln der Beschäftigten auswirken. Die steigende Arbeitsverdichtung, Zeit- und Kostendruck, Standardisierung, Unsicherheit, Kurzfristigkeit und Geschwindigkeit schaffen für die Beschäftigten ein Arbeitsumfeld, in dem es tendenziell immer schwieriger wird, bisher gültige professionelle Standards und somit Professionalität aufrecht zu erhalten.

Zum Weiterlesen

Evetts, J. (2008): Professionalität durch Management? Neue Erscheinungsformen von Professionalität und ihre Auswirkungen auf professionelles Handeln. Ein Nachtrag zum ZSR-Schwerpunktheft 3/2007. Zeitschrift für Sozialreform, 51 (1), 97-106.

Handrich, C. (2010): Professionalität in Organisationen. Neue Anforderungen an professionelles Handeln unter veränderten ökonomischen Bedingungen. Chemnitz: Technische Universität Chemnitz (unv. Masterarbeit).

Pfadenhauer, M. (2003): Professionalität. Eine wissenssoziologische Rekonstruktion institutionalisierter Kompetenzdarstellungskompetenz. Opladen: Leske+Budrich.

Pfadenhauer, M. (Hrsg.) (2005): Professionelles Handeln. Wiesbaden: VS.

Leistung

Nora Alsdorf und Saskia M. Fuchs

Leistung ist zunächst ein Begriff, der typischerweise einen Anspruch auf Gegenleistung nach sich zieht. Dieser umfassende Begriff wird in seiner Bedeutung durch die Gesellschaft und dabei insbesondere durch den Strukturwandel der Arbeitswelt stark geprägt. Zudem beeinflusst die Beziehung zwischen Kultur und Ökonomie das Verständnis von Leistung. So ist ein weitreichender Bedeutungswandel des Sozial- und Kulturkapitals zu erkennen, der eine sukzessive und immer radikalere Vermarktlichung aller sozialen Lebensbereiche anzeigt:

Die Annahme, dass erst die Kultur den Besitzern ökonomischen Kapitals eine Unterscheidung gegenüber anderen Klassen ermöglicht, verliert in der heutigen Gesellschaft anscheinend an Bestand. Der neue Kapitalismus, der ganz auf die Distinktionskraft des Geldes setzt, lässt Kultur und Bildung als Unterscheidungsmerkmale für die gesellschaftliche Positionierung in den Hintergrund treten. Der Wandel des Kultur- und Sozialkapitals und seine Beutung im Kontext der Leistung kann durch die Betrachtung seiner Grundprinzipien verdeutlicht werden:

In der bürgerlichen Gesellschaft wird kulturelles Kapital mit der Leistung verrechnet, die eine Person in Form von Wissen und Fähigkeiten erworben hat. Das Kulturkapital umfasst demnach, was gemeinhin unter Bildung verstanden wird. Es setzt einen zeitaufwendigen Prozess der Verinnerlichung voraus, wodurch es nur aus eigener Kraft erworben und nicht übertragen werden kann. Das kulturelle Kapital manifestiert sich über die bürgerliche Berufsidee im Wertekanon und wird durch die Vergabe von Titeln und Stellen öffentlich legitimiert. Dadurch erhält eine Person institutionelle Anerkennung für das von ihr besessene Kulturkapital.

Hingegen wird das Sozialkapital mit dem gesellschaftlichen Erfolg einer Person verrechnet. Es umfasst potenzielle Ressourcen in Form von sozialen Netzwerken, die auf gegenseitigem Kennen und Anerkennen beruhen. Erfolg im Bereich des sozialen Kapitals lässt sich heutzutage vornehmlich an dem materiellen Status einer Person ablesen. Wird der Erfolg zur wesentlichen Quelle der Anerkennung und somit der soziale Statusgewinn von Leistung – Leistungsfähigkeit und Leistungsbereitschaft – auf puren ökonomischen Erfolg verschoben, entsteht ein Bruch in der Sozialstruktur und letztlich ein sozialmoralischer Wandel. Dadurch wird das Selbstverständnis der modernen Gesellschaft verändert. Der zentrale normative Bezugsrahmen, der Leistung als rechtfertigungsfähigen Maßstab der Statusvergabe festlegt, wird in der modernen Gesellschaft aufgehoben. Ökonomischer Erfolg entwickelt sich zu einer eigenen Kategorie, indem wirtschaftlicher Wohlstand, der zuvor als Zeichen eigener erbrachter Leistung gegolten hat, zu einem Wert an sich avanciert. Wird wirtschaftlicher Wohlstand unabhängig von der erbrachten Leistung gesellschaftlich als Erfolg betrachtet, verliert dadurch der Eigenwert von Leistung an Bedeutung.

Organisationen als Märkte

Die gegenwärtige Entwicklung zu einer radikalen Marktgesellschaft spiegelt sich auch in den Organisationen. Die Tendenz zur Monetarisierung des Erfolgs durch die Konzentration auf den Gewinn lässt das Zustandekommen durch Leistung weitestgehend außer Acht. Besonders im wirtschaftlichen Bereich spielen Gewinne und nicht Leistungsbeiträge die entscheidende Rolle. Dem entsprechend verliert Leistung an Distinktionskraft. Es gilt das Prinzip: höchstmögliche Gewinne mit dem geringsten Aufwand zu erzielen. Bestimmt durch Quartalsabschlüsse werden Gehälter an Sonderprämien und Bonussysteme gekoppelt. Diese Prämien sind allerdings unter anderem durch Zufälle, Risiken oder Marktentwicklungen bestimmt, sodass Erfolge nicht allein auf eigene Leistung zurückgehen. Der Markt bestimmt zudem die Anforderungen, denen sich die Organisationen anpassen müssen: Kurzfristige, wenig vorhersehbare und sehr unterschiedliche Anforderungen verlangen ein hohes Maß an Flexibilität, das die Organisationen ihren Beschäftigten zumuten. Die Arbeitsverhältnisse zeichnen sich neben den erwähnten Bonussystemen zunehmend durch atypische Beschäftigungsverhältnisse und Niedriglohnarbeit aus. Diese flexiblere Handhabung der Beschäftigungsformen soll den Organisationen helfen, auf die schnellen strukturellen Entwicklungen reagieren zu können, für die Beschäftigten bleibt dies nicht ohne Folgen.

Auswirkungen auf die Beschäftigten

Der sachliche Eigenwert von Leistung oder sogar Leistungsstolz, den die Beschäftigten in der bürgerlichen Gesellschaft durch kulturelles Kapital in Form von Experten- oder Erfahrungswissen erreichen konnten, wird in seiner Bedeutung degradiert. Das erfolgsorientierte Verständnis von Leistung entwertet außerdem den Anspruch der Beschäftigten auf Anerkennung ihrer Leistungsfähigkeit und Leistungsbereitschaft. Qualifikation und Bildung sind nur dann von Bedeutung, wenn sie profitabel eingesetzt werden können.

Für die Beschäftigten beinhaltet der Strukturwandel der Arbeitswelt eine Aufforderung zu einer hohen leistungsbezogenen Flexibilität. Dies äußert sich z. B. in komplexen, zum Teil unklaren Arbeitsanforderungen und ausufernden Arbeitszeiten.

Die Orientierung der Organisationen am Erfolg, überlässt den Beschäftigten die Aufgabe einer selbständigen Arbeitsorganisation. Dies kann eine Entgrenzung der Leistungsbereitschaft bewirken, da Leistung im Sinne ihrer Aufwandsdimension nicht in den Erfolg eingerechnet wird. Im Umkehrschluss müssen die Beschäftigten die Flexibilisierungsforderungen psychisch integrieren, um erfolgreich in ihrer Arbeit zu sein, auch wenn dies Überstunden, Leistungsdruck und Überforderung bedeutet.

Dies hat Auswirkungen, die auch die Grenzen der Organisationen überschreiten, wodurch das Privatleben der Beschäftigten in Mitleidenschaft gezogen wird: Gesteigerte Konkurrenz, Stress, häufige Überstunden und Frustration sind nur einige der Folgen, die sich belastend auf die Beschäftigten auswirken und nicht selten zu starken gesundheitlichen Beschwerden führen.

Items zum Thema Leistung

Die quantitative Erhebung umfasst Items, die die Leistung der Beschäftigten aus verschiedenen Blickwinkeln erfassen. Hierzu gehören:
- Die Arbeitsintensität ist hoch.
- Atypische Beschäftigungsverhältnisse haben zu- oder abgenommen.
- Die Sorge der Beschäftigten um die berufliche Zukunft hat zu- oder abgenommen.
- Langfristige Karriereplanungen in Organisationen sind gut möglich.
- Veränderungen in Organisationen erfolgen in immer kürzeren Abständen.
- Die Beschäftigten erhalten genug Zeit, sich an Veränderungsprozesse anzupassen.
- Wie viele der Beschäftigten leisten regelmäßig Überstunden?
- Regelmäßige Überstunden beeinträchtigen das Privatleben der Organisationsmitglieder.
- Psychophysische Belastungen haben zu- oder abgenommen.
- Erkrankungen aufgrund hoher Arbeitsbelastungen haben zu- oder abgenommen.
- Dauerhafter Leistungsdruck beeinträchtigt das Privatleben der Organisationsmitglieder.
- Die Beschäftigten machen die Erfahrungen, dass ihre Arbeitsleistungen in den Organisationen angemessen anerkannt werden.

Daraus ergeben sich folgende Fragestellungen, die im Folgenden zu beantworten sind:
- Wann wird Leistung zu einer Belastung?
- Welche Faktoren sind dafür relevant?
- Welche Auswirkungen sind zu benennen?
- Welche Folgerungen lassen sich ableiten?

Belastungen

Durch die Befragung der Supervisor/innen wird erkennbar, dass zügige Veränderungsprozesse, die nicht genügend Zeit für eine Umgewöhnung erlauben, atypische Beschäftigungsverhältnisse, fehlende Sicherheiten in der Karriereplanung oder auch mangeln-

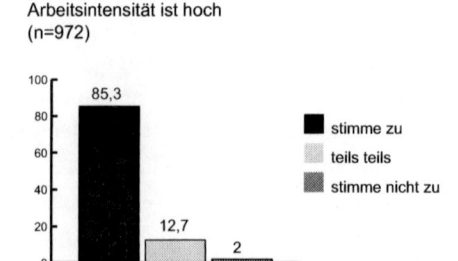

Arbeitsintensität ist hoch (n=972)

- stimme zu: 85,3
- teils teils: 12,7
- stimme nicht zu: 2

de Anerkennung der Arbeitsleistung, belastende Faktoren sind. Unsicherheit und Verdrossenheit gegenüber Kolleg/innen treten als Folgeerscheinungen nicht kommunizierter Belastungen vermehrt auf:

85,3 % der befragten Supervisor/innen bestätigen eine hohe Arbeitsintensität bei den Beschäftigten. Die geforderte Arbeitsintensität kann motivieren, aber auch überfordern. Eine dauerhaft hohe Arbeitsintensität ist demzufolge keine Seltenheit, sondern anscheinend die Norm.

Sicherheit und Zukunft
Strukturelle Veränderungen machen sich in den Arbeitsbedingungen bemerkbar. Der Anstieg atypischer Beschäftigungsverhältnisse in Form von befristeten Arbeitsverträgen, Leiharbeit und Scheinselbständigkeit wird durch die Aussage der Supervisor/innen unterstützt: Der Grafik ist zu entnehmen, dass 91,2 % der befragten Supervisor/innen eine Zunahme atypischer Beschäftigungen bestätigen. Durch diese Zunahme steigt auch die Sorge um die berufliche Absicherung. 93,8 % der Supervisor/innen berichten, dass die Sorge der Beschäftigten um die berufliche Zukunft zugenommen hat.

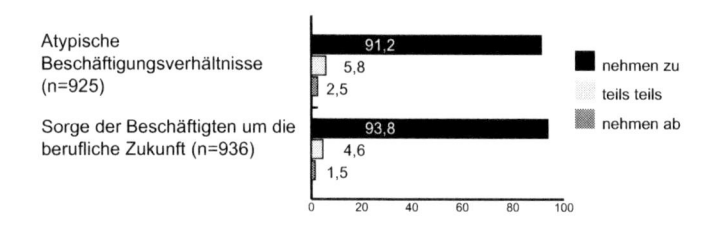

Kategorie	nehmen zu	teils teils	nehmen ab
Atypische Beschäftigungsverhältnisse (n=925)	91,2	5,8	2,5
Sorge der Beschäftigten um die berufliche Zukunft (n=936)	93,8	4,6	1,5

Die steigende Beschäftigungsunsicherheit wirkt außerdem einer langfristigen Zukunftsplanung entgegen: Fast drei Viertel (71,9 %) der befragten Supervisor/innen bestätigen, dass langfristige Karriereplanungen in den Organisationen kaum bis gar nicht möglich sind. Die berufliche Unsicherheit hat auch auf der privaten Ebene Auswirkungen. Sicherheiten im Privatleben werden ungewiss, wodurch die Aufrechterhaltung sozialer Beziehungen und Netzwerkbildungen erschwert werden. Infolgedessen rückt der Fokus aus der Zukunft auf die Gegenwart.

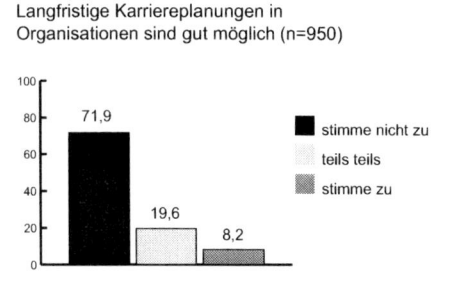

Langfristige Karriereplanungen in Organisationen sind gut möglich (n=950)

stimme nicht zu	teils teils	stimme zu
71,9	19,6	8,2

Überforderung

Im Zuge beschleunigter Arbeitsprozesse nehmen der Effizienzdruck und der Innovations- und Veränderungszwang zu. Mehr als drei Viertel (78,7 %) der Befragten bestätigen, dass Veränderungen in Organisationen in immer kürzeren Abständen erfolgen. Gleichzeitig erhalten die Beschäftigten nach Angaben der Supervisor/innen nicht genug Zeit, sich an die Veränderungsprozesse anzupassen (80,9 %).

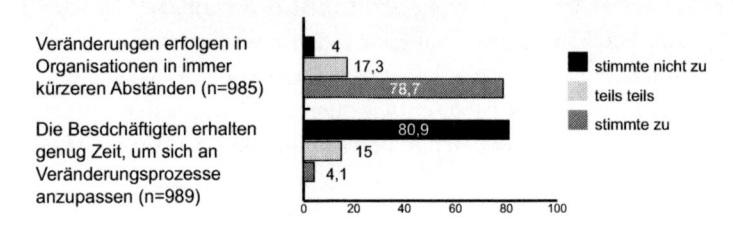

Veränderungen erfolgen in Organisationen in immer kürzeren Abständen (n=985): stimmte nicht zu 4; teils teils 17,3; stimmte zu 78,7

Die Besdchäftigten erhalten genug Zeit, um sich an Veränderungsprozesse anzupassen (n=989): stimmte nicht zu 80,9; teils teils 15; stimmte zu 4,1

Jederzeit flexibel und schnell auf die Veränderungen der Organisation einzugehen zu können, setzt einen gestiegen Leistungsanspruch voraus. Die Beschäftigten sind nicht nur Träger ihrer Berufs- und Arbeitsrolle, sondern werden als ganze Person mit einbezogen, sodass eine Abgrenzung zu den organisatorischen Anforderungen und Ansprüchen immer schwieriger zu halten ist.

Geringe Handlungsspielräume führen zu einem Verlust an Kreativität, die Innovationshemmnisse zu Folge haben können: Dadurch werden die Selbstentfaltungsmöglichkeiten der Beschäftigten reduziert, was durch die Korrelation zwischen den Items „Die Selbstentfaltungsmöglichkeiten haben zugenommen" und „In den Organisationen gibt es hinreichend Spielraum für kreative Problemlösung" (r=.33)[3] belegt wird. Dies impliziert ein hohes Maß an Flexibilität.

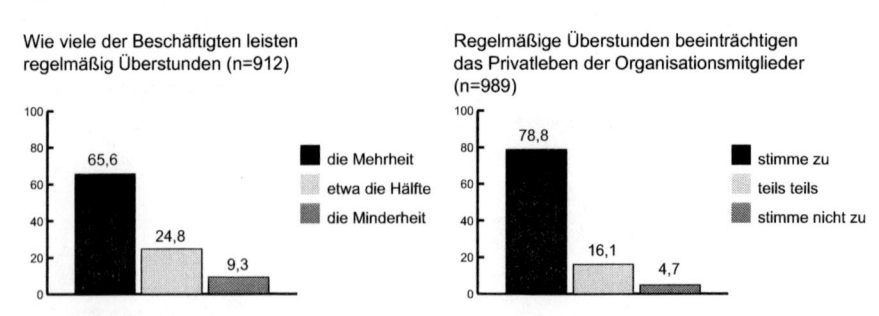

Wie viele der Beschäftigten leisten regelmäßig Überstunden (n=912): die Mehrheit 65,6; etwa die Hälfte 24,8; die Minderheit 9,3

Regelmäßige Überstunden beeinträchtigen das Privatleben der Organisationsmitglieder (n=989): stimme zu 78,8; teils teils 16,1; stimme nicht zu 4,7

Nach Angaben der Supervisor/innen werden von den Beschäftigten regelmäßige Überstunden geleistet (65,6 %). Knapp vier Fünftel (78.8 %) von ihnen konstatieren

---

3 Auch kleine Korrelationen werden durch die Größe der Grundgesamtheit signifikant. Alle zitierten Korrelationen sind auf dem 5 %-Niveau signifikant.

Beeinträchtigungen innerhalb des Privatlebens der Beschäftigten aufgrund der regelmäßigen Überstunden.

Krankheit
Die gestiegene Arbeitsintensität, die Sorge um die eigene Zukunft und der zunehmende Leistungsdruck haben erhebliche Auswirkungen auf den Arbeitsalltag der Beschäftigten und bleiben nicht ohne gesundheitliche Folgen: Gut drei Viertel der Supervisor/innen (78,3 %) stellt fest, dass „Burn-out-Symptome" zugenommen haben, davon benennt sogar knapp ein Viertel der Befragten (23,8 %) eine starke Zunahme. In den Grafiken ist zu erkennen, dass die „psychophysischen Belastungen" der Beschäftigten mit enormen 97,3 % zugenommen haben. 90,6 % der Befragten beschreiben eine Zunahme der „Erkrankungen aufgrund hoher Arbeitsbelastungen".

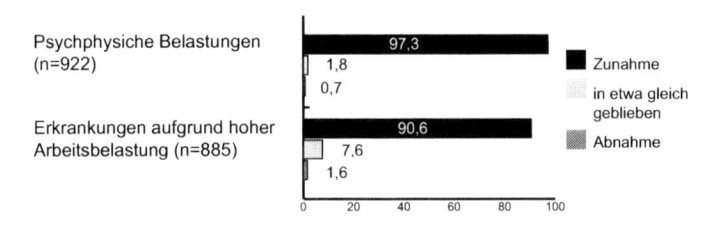

Leistungsdruck
Unter dem Begriff Leistungsdruck werden das Empfinden bezüglich der Arbeitsintensität und Arbeitsorganisation, wie beispielsweise regelmäßige Überstunden und mangelnde Leistungsgerechtigkeit, subsumiert. Hierzu bestätigen 79,7 % der Supervisor/innen, dass die Beschäftigten oftmals unter dauerhaftem Leistungsdruck stehen. Zuzüglich stimmen 86,3 % der Supervisor/innen zu, dass dauerhafter Leistungsdruck das Privatleben der Beschäftigten beeinträchtigt. Ein genereller Anstieg der Arbeitsanforderung sowie eine Intensivierung der Arbeit sind in Organisationen durchgängig

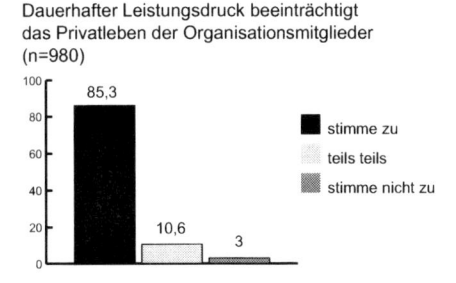

wahrzunehmen. Den wechselhaften Anforderungen der Märkte gerecht zu werden, hat nachvollziehbare Folgen. Korrelationen bestehen hierbei zwischen „dauerhaftem

Leistungsdruck" und „hohe Arbeitsintensität" (r=.33), „Beeinträchtigung des Privatlebens der Organisationsmitglieder" (r=.40) sowie „regelmäßige Überstunden" (r=.33). Dieser Befund bestätigt, dass regelmäßige Überstunden und hohe Arbeitsbelastung ein Auslöser dauerhaften Leistungsdrucks sind, der das Privatleben der Organisationsmitglieder belastet. Deshalb ist es nicht verwunderlich, dass auch ein Zusammenhang zwischen „dauerhaftem Leistungsdruck" und „Erkrankungen aufgrund hoher Arbeitsbelastungen" (r= .30) besteht.

Leistungsgerechtigkeit erscheint als eine zentrale Urteilskategorie, da sie Offenheit, Kollegialität und Respekt zwischen den Mitarbeiter/innen fördert: Korrelationen zwischen den „Die Beschäftigten machen die Erfahrung, dass ihre Arbeitsleistungen in den Organisationen angemessen anerkannt werden" und „In den Organisationen besteht Leistungsgerechtigkeit" (r=.31) belegen, dass die Beschäftigten die Arbeitsleistung als gerecht empfinden würden, wenn diese entsprechend anerkannt würde. Ohne Anerkennung nehmen die Beschäftigten demzufolge keine Gerechtigkeit wahr. In der Tat benennen 73,1 % der Supervisor/innen, dass Leistungsgerechtigkeit in den Organisationen nicht besteht.

Anerkennung

Anerkennung übernimmt anscheinend, wie auch Leistungsgerechtigkeit, eine Moderatorfunktion im Kontext der Leistungsanforderungen. Die Aussagen der Supervisor/innen bestätigen, dass durch bestehende Anerkennung Verunsicherungen reduziert

Die Beschäftigten machen die Erfahrung, dass ihre Arbeitsleistungen in den Organisationen angemessen anerkannt werden (n=968)

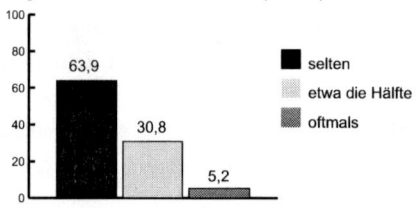

- 63,9 selten
- 30,8 etwa die Hälfte
- 5,2 oftmals

werden und ein respektvoller Umgang zwischen den Beschäftigten und den Vorgesetzten gefördert wird. Das belegt auch die Korrelation zwischen den Items „Die Beschäftigten machen die Erfahrung, dass ihre Arbeitsleistungen in den Organisationen angemessen anerkannt werden" und „Organisationsmitglieder sind verunsichert" (r= -.31). Zusätzlich besteht ein negativer Zusammenhang zwischen der Anerkennung der Arbeit der Beschäftigten und deren psychophysischen Belastungen (r=-.22): Je mehr die geleistete Arbeit anerkannt wird, desto weniger haben die psychophysischen Belastungen zugenommen. Die Daten zeigen, wie stark das Bedürfnis der Beschäftigten nach Anerkennung ist. Dass es unbefriedigt bleibt, berichten knapp zwei Drittel (63,9 %) der Supervisor/innen.

Schlussfolgerungen

Durch die Wahrnehmung der Supervisor/innen werden die einleitend erwähnten Veränderungsprozesse von Leistung bestätigt. Leistung kann zu einer Belastung werden, das haben die Ergebnisse eindrucksvoll gezeigt. Korrelationen zwischen „psychophysische Belastungen" und „atypischen Beschäftigungsverhältnissen" (r=.40) oder „hohem Leistungsdruck" (0.29) belegen, dass die Wechselwirkungen von objektiven und subjektiven Faktoren bestimmt werden. Um einer Resignation zu entgehen, verwundert es auf diesem Hintergrund nicht, wenn beobachtet wird, dass Bereitschaft zunimmt, Medikamente – z. B. Antidepressiva und Psychostimulanzien – als Enhancer zu gebrauchen, um weiterhin dem Leistungsanspruch Stand halten zu können.

Sichtbar wurde auch, dass ein starkes Bedürfnis der Beschäftigten nach Anerkennung besteht, das auf einen bestehenden Mangel von Wertschätzung verweist. Die ausschließliche Orientierung am Erfolg übergeht die Anerkennung von Leistungsfähigkeit und Leistungsbereitschaft. Dieser Aspekt kann durch die Ergebnisse gestützt werden, dass es im Arbeitsalltag an Anerkennung fehlt oder vorsichtiger formuliert: dass die faktische Anerkennung hinter der erwarteten Anerkennung zurückbleibt. Die Supervisor/innen berichten von einer positiven Auswirkung auf das Arbeitsklima, wenn Beschäftigte angemessen anerkannt werden (r=.35). Nach ihren Aussagen nehmen Erkrankungen aufgrund hoher Arbeitsintensität und belastender Arbeitsorganisation bei bestehender Anerkennung ab (r=-.22), zugleich wird eine Zunahme der Arbeitszufriedenheit festgestellt (r=.34). Man darf vermuten, dass bei vorhandener Anerkennung Veränderungsprozesse als positive Herausforderung interpretiert werden können.

Folglich können die Faktoren Leistungsgerechtigkeit und Anerkennung als Grundbausteine für ein positives Betriebsklima bezeichnet werden, durch die eine offene Kommunikation und ein kollegialer Umgang gefördert wird.

Auch wenn Leistungsdruck vorhanden ist, hängt alles davon ab, wie ihn die Beschäftigten aufnehmen und mit ihm umgehen. Der festgestellte Mangel an Leistungsgerechtigkeit und Anerkennung führt dazu, dass Leistungsdruck überwiegend als nicht erträglich empfunden wird. Das bedeutet, Leistungsdruck wird erst mit fehlender Anerkennung und fehlender Leistungsgerechtigkeit zu einer subjektiven Belastung. Überforderung, mangelnde Arbeitsplatzsicherheit und hohe Arbeitsintensität verstärken sich wechselseitig. Die bereits erwähnten gesundheitlichen Auswirkungen unterstreichen die Risiken, die den Marktradikalismus begleiten.

Ausblick

Eine nachhaltige Verbesserung der Arbeitsbedingungen beginnt mit der Erkenntnis der Ursachen, die zu einer subjektiven Belastung führen. Es können Belastungsprofile in der Arbeitswelt erstellt und von den Supervisor/innen für ihre Supervisionspraxis genutzt werden. Leistungsdruck und atypische Beschäftigungsverhältnisse sind Bedingungen, die von interessierter Seite erzeugt und stabilisiert werden. Sie zu verändern, braucht nicht nur einen langen Atem, sondern auch politische Macht.

Zum Weiterlesen

Bourdieu, P.(1983): Ökonomisches Kapital, kulturelles Kapital, soziales Kapital. In: Kreckel, R. (Hrsg.): Soziale Ungleichheiten. (Soziale Welt, Sonderband 2). Göttingen: Schwartz.

Neckel, S. (2001): Leistung und Erfolg - Die symbolische Ordnung der Marktwirtschaft. In: Barlösius, E.; Müller, H. P.; Sigmund, S. (Hrsg.): Gesellschaftsbilder im Umbruch – Soziologische Perspektiven in Deutschland. Opladen: Leske + Budrich.

Neckel, S., Dröge, K., Somm, I. (2008): Das umkämpfte Leistungsprinzip – Deutungskonflikte um die Legitimationen sozialer Ungleichheit. In: Dröge, K., Marrs, K., Menz, W. (Hrsg.): Rückkehr der Leistungsfrage – Leistung in Arbeit, Unternehmen und Gesellschaft. Berlin: Edition Sigma.

Führung

Ullrich Beumer

Bei der Auswertung der qualitativen und quantitativen Untersuchung wird der Frage nachgegangen, unter welchen Bedingungen die wahrgenommenen Veränderungen in Organisationen konstruktiv und für die eigene Entwicklung positiv genutzt werden können, statt sich belastend und Gesundheit gefährdend auszuwirken. Dem liegt die Vorstellung zugrunde, dass Veränderungssituationen psychisch auch als Übergangssituationen begriffen werden können, die das Potenzial einer Weiterentwicklung und Selbstentfaltung beinhalten. Dabei haben schon die Interviews mit den Supervisor/innen gezeigt, dass neben strukturellen Faktoren, wie etwa sicheren Arbeitsplätzen, einer ausgeprägten Kollegialität und gesicherter Professionalität, Führung eine zentrale Einflussgröße in einer in diesem Sinne als Anregung zur Weiterentwicklung verstandenen Veränderung ist.

Seit Jahren stehen Führungskräfte, insbesondere die Manager großer Unternehmen, im Zentrum der öffentlichen Auseinandersetzung. Diskussionen um ihre Gehälter, ihre Macht, ihre einseitig an der ökonomischen Effektivität orientierten Entscheidungen und fehlende gesellschaftspolitische Verantwortung sind Gegenstand der Kritik.

Die Führungsrolle ist eine der am intensivsten erforschten Rollen in den Sozialwissenschaften. Dabei ist das Nachdenken über Führung ganz offensichtlich verknüpft mit einer großen Faszination, möglicherweise deswegen, weil Führungspositionen so häufig erstrebt, aber nicht unbedingt erreicht werden. Gleichwohl weckt der Gedanke an Führung als positive Projektion eine Reihe unterschiedlicher Emotionen. Auf der einen Seite ist es die eher narzisstisch besetzte Vorstellung von Macht, Autorität, Heldentum, Verehrung und Berühmtheit. Daneben stehen Vorstellungen, die sich psychoanalytisch gesehen als Wünsche nach einer positiven väterlichen oder mütterlichen Figur beschreiben lassen, nämlich Führung als eine Art Dienst an den anderen bzw. am System, getragen von Loyalität, Verantwortung gegenüber der Aufgabe und Sorge für die Beschäftigten. Auf der anderen Seite werden Führungskräfte wie beschrieben Gegenstand heftigster negativer Projektionen der Beschäftigten, um der eigenen Angst und Überforderung zu entgehen. Ein solches sehr ambivalentes Bild hatte seine besondere Kraft schon in Zeiten, als die Führungskräfte von Unternehmen noch gleichzeitig deren Besitzer waren. Dabei waren die Beziehungen der Mitarbeiter/innen zu ihrer Führung von einer Ambivalenz von libidinösen und aggressiven Strebungen durchzogen. Gerade die aggressive und entwertende Seite hat in den vergangenen Jahren eher die Oberhand gewonnen: Im Zuge der gesellschaftlichen Veränderungen, die mit den Stichworten von Globalisierung, Flexibilisierung, Entgrenzung, Auflösung von Strukturen, Disembeddment etc. benannt worden sind, ist die Auseinandersetzung mit dem

Thema Führung auch in der Öffentlichkeit ein steter Gast in Presse und Medien. „Manager" zu sein, war dabei zu Beginn durchaus eine erstrebenswerte berufliche Möglichkeit, insbesondere da mit dem Aufkommen dieses Berufs die Führungstätigkeit als Profession entwickelt und damit erlernbar wurde. So löste sich mit dem Begriff des Managements die Tätigkeit als Führungskraft auch von den damit oft verknüpften Vorstellungen von Berufung oder dem notwendigen Charisma.

Was ist Führung?
Unter Führung wird üblicherweise die zielgerichtete Entwicklung von Systemen, Strukturen, Prozessen und Personen verstanden, verknüpft mit der dazu gehörenden Macht, nötigenfalls die getroffenen Entscheidungen auch per Sanktionsgewalt durchzusetzen. Vordergründig geht es um die Erreichung von Zielen, hintergründig spielen Visionen, Missionen, Macht, Mikropolitik, Emotionen und gesellschaftliche und sozial-kulturelle Faktoren eine wichtige Rolle.

Es ist zu berücksichtigen, dass Führungskräfte in Bezug auf die gesellschaftlichen und organisatorischen Veränderungen, wie sie in der DGSv-Studie untersucht wurden, in drei verschiedenen Formen betroffen sind:

Zum einen sind Führungskräfte selbst die Initiatoren von Veränderungsprozessen oder wenigstens diejenigen, die diese Prozesse steuern und begleiten. Change Management ist das Schlagwort, das dieser Führungsaufgabe einen konzeptionellen und strukturellen Namen verleiht und in der Managementliteratur angesichts des permanenten Wandels, dem Organisationen unterworfen sind, als Basiskompetenz von Führungskräften gefordert ist. In - bezogen auf Markt, Kunden, Wettbewerb, Technologien etc. - unkalkulierbaren Entwicklungen gilt ein Unternehmen nur dann als überlebensfähig, wenn es ihm gelingt, sich immer wieder schnell genug an neue Rahmenbedingungen anzupassen oder gar solche Bedingungen selbst erst zu schaffen. Dies zu sehen und zu initiieren, ist Aufgabe von Führung. Führungskräfte sind also in diesem Sinne Akteure und Verantwortliche für den organisationalen Wandel.

Auf der anderen Seite sind Führungskräfte aber auch selbst betroffen: Sie müssen in der ungeheuren Komplexität und Schnelligkeit der Veränderungen häufig solche Prozesse erdulden, ohne aktiv daran etwas ändern zu können. Wie sehr sie selbst davon existenziell berührt sind, zeigt die Tatsache, dass nach Untersuchungen im Bereich größerer Unternehmen die Führungskräfte eine durchschnittliche Verweildauer von maximal 4-5 Jahren haben. In den meisten Fällen werden sie also auch früher oder später Opfer des Drucks der Veränderungen, die sie nicht selbst initiiert haben, sondern die von außen auf sie zukommen. Selbst in den Fällen, wo sie (wie im sozialen Bereich üblich) länger in der Führungsrolle innerhalb einer Organisation verbleiben, ist der Druck oft enorm, so dass zu jeder guten Führungskräfteentwicklung inzwischen ein eigenes Modul zur Selbstfürsorge gehört, meist unter positiv getönten Begriffen wie „Selbst- und Zeitmanagement".

Drittens haben Führungskräfte neben diesen beiden Aufgaben auch die Aufgabe, von äußeren, durch politische, ökonomische, fachliche Vorgaben kommende Veränderungen in Organisationen abzufangen und für die Mitglieder der Organisation verarbeitbar zu machen. Sie erfüllen damit etwas, was in der Auseinandersetzung um gute Führung mit dem Begriff des „Containments" beschrieben wird. Dieser aus der psychoanalytischen Literatur übernommene Begriff impliziert die Fähigkeit, „Unverdauliches" aufzunehmen und so zu verarbeiten, dass es die Mitarbeiter/innen nicht überfordert.

Führungskräfte in Organisationen sind also gleichzeitig Treiber und Getriebene. Da sie aber im Regelfall eher von Veränderungen profitieren als andere Mitarbeiter/innen, ist es für sie unabdingbar, sich der Kritik zu stellen und sich mit den komplexen, teilweise ambivalenten Erwartungen auseinanderzusetzen.

Auf dem Hintergrund der genannten Überlegungen ist nicht verwunderlich, dass im Rahmen der Interviews bei allen befragten Supervisor/innen der Eindruck vorherrscht, dass Führung in Organisationen inzwischen ein komplexes und höchst anspruchsvolles Geschäft geworden ist. Dies bezieht sich nicht nur auf die Anforderungen, die von außen auf Führungskräfte zukommen, sondern ganz besonders auch im Hinblick auf oft ambivalente Erwartungen von Mitarbeiter/innen in einer Organisation. Dort stehen Wünsche nach einer versorgenden, unterstützenden und gerechten Führung im Widerstreit mit dem Wunsch, möglichst in Ruhe gelassen zu werden, um autonom und selbstbestimmt seine Arbeit zu tun.

Items zum Thema Führung
Wie stellt sich das Führungsthema in der quantitativen Befragung der Supervisor/innen dar? Im Fragebogen gibt es insgesamt elf Items, die sich direkt mit der Wahrnehmung von Führung und der Gestaltung der Beziehung zwischen Führungskräften und Mitarbeiter/innen beschäftigen:
- Selbständiges Arbeiten wird durch rigide Kontrollen behindert
- Führungskräfte bieten den Beschäftigten nicht ausreichend Halt und Orientierung.
- Vorgesetzte und Mitarbeiter respektieren einander.
- Beschäftigten werden bei der Zuweisung von Aufgaben auch die dafür erforderlichen Mittel zur Verfügung gestellt.
- Organisationsmitgliedern werden auch solche Aufgaben zugewiesen, für die sie nicht beruflich qualifiziert sind.
- Wie viele der Beschäftigten klagen über unzulängliche Führung?
- Wie viele der Führungskräfte sind der Komplexität ihrer Aufgaben gewachsen?
- Wie viele der Beschäftigten haben zu ihren Vorgesetzten ein kooperatives Verhältnis?
- Das Bedürfnis nach sozialer Anerkennung durch Vorgesetzte hat zugenommen.
- Die Führungskompetenz von Führungskräften in Organisationen hat zugenommen.

Man kann diese Items in drei große Themengruppen einteilen, die sich mit unterschiedlichen Perspektiven auf die Führung von Organisationen im Kontext von Veränderungsprozessen beziehen:
1) Wie ist es angesichts der Veränderungen um die Kompetenz der Führungskräfte bestellt?
2) Welche Auswirkungen hat die wahrgenommene Kompetenz auf die Gestaltung und den Alltag der Führungsbeziehung?
3) Wie wirkt sich die Qualität der Führung bzw. der Führungsbeziehung auf die Qualität der Arbeit aus?

Führung und Kompetenz
Etwas über 30 % der Befragten sind der Meinung, dass die Kompetenz der Führungskräfte sich nicht verändert hat, sondern weitgehend gleich geblieben ist. Ein nicht unerheblicher Anteil der Befragten in fast der gleichen Größenordnung ist dagegen der Meinung, dass die Kompetenz wenigstens leicht zugenommen hat, während schlussendlich mehr als 34 % glauben, dass die Führungskompetenz abgenommen hat.

Die Führungskompetenz von Führungskräften in Organisationen (n=904)

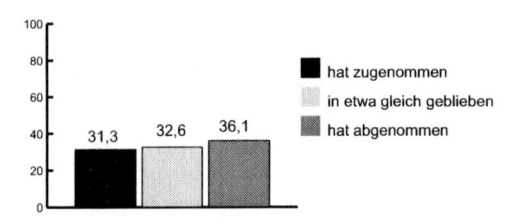

- hat zugenommen: 31,3
- in etwa gleich geblieben: 32,6
- hat abgenommen: 36,1

Wie lässt sich dieses auf den ersten Blick ausgeglichene und gleichzeitig widersprüchliche Verhältnis erklären? Auf der einen Seite ist die Aus- und Weiterbildung von Führungskräften in den letzten Jahren zu einem Standard der Personal- und Führungskräfteentwicklung geworden. Insbesondere die Herausforderung, dauerhaft Change-Prozesse zu initiieren und zu steuern, hat zu einer Vielzahl von Bemühungen geführt, Change-Management-Kompetenz zu vermitteln und Führungskräfte auf diese Aufgabe vorzubereiten. Der alte Managertyp zeichnet sich häufig durch eine einseitig technisch-naturwissenschaftliche Orientierung oder entsprechende fachliche Ausbildung aus. Schon seit längerer Zeit gilt aber die Kompetenz zum Aufbau kooperativer und vertrauensvoller Beziehungen als wichtige „weiche" Qualifikation, deren Bedeutung immer größer wird. Es kann vermutet werden, dass dies auch von den Mitarbeiter/innen und den befragten Supervisor/innen dementsprechend wahrgenommen und gewürdigt wird. Gleichzeitig beinhaltet Führung heute aber auch immer weniger reine Regelsetzung und Steuerungsfunktion oder fachliche Kompetenz, sondern sie erfordert eben auch soziale Kompetenzen, Unterstützung und die Vermittlung eines Gefühls klarer

Zielsetzung und Perspektiven. Vermutlich gibt es hier deutliche Defizite, die zu der Einschätzung führen, dass die Kompetenz gemessen an den Herausforderungen geringer geworden ist. Die Führungsaufgabe ist also auch in diesem Sinne durch eine gewachsene Komplexität gekennzeichnet.

Hinsichtlich der Frage, ob die Führungskräfte diesem Anspruch gerecht werden können, ist die Aussage der Befragten deutlicher: Fast die Hälfte der Supervisor/innen ist der Meinung, dass viele Führungskräfte dieser Herausforderung nicht gewachsen sind. Am deutlichsten korreliert diese Frage mit den Klagen der Beschäftigten über unzulängliche Führung (r= -0,22), was man so interpretieren kann, dass das Vertrauen in die Qualität der Führungsarbeit deswegen bei einer Reihe von Mitarbeiter/innen schwindet, weil sie offensichtlich glauben, dass ihre Führungskräfte der zunehmenden Vielfalt und Komplexität der Aufgaben in dieser Rolle nicht ausreichend genügen können:

„... es wird gravierender, wenn Leitungskräfte nicht leiten können. Das heißt, eine gute Steuerung braucht es angesichts der Anforderungen des Marktes der verschiedenen Institutionen, der engen oft immer enger werdenden Rahmenbedingungen, auch finanziellen Rahmenbedingungen, und der Notwendigkeiten der Mitarbeiter. Wenn ich da eine einigermaßen gute Brücke als Leitungskraft schlagen will, brauche ich viel gute Leitungskompetenz. Insoweit habe ich den Eindruck, es fällt mehr auf als früher, wenn das nicht vorhanden ist, also als ein Punkt, der mir heute morgen noch mal einfach so durch den Kopf ging, wo ich dachte, ja, das fällt deutlicher auf."

Ob dies durch entsprechende Fortbildung oder gar Supervision und Beratung gemildert werden kann, ist für die Profession eine spannende und weiter zu diskutierende Frage. Eine verstärkte Ausrichtung der Supervision auf die Unterstützung von Leitung erfordert ein möglicherweise höheres Maß an Identifikation mit der Führungsrolle und führt zu der Frage, wie sich die Supervisor/innen selbst angesichts der Veränderungsprozesse positionieren wollen. Als zweite Ursache für die skeptische Einschätzung der Führungskompetenz wird die Zuweisung von Aufgaben von Führungskräften an Mitarbeiter/innen gesehen, ohne auch die dafür erforderlichen Arbeitsmittel zur Verfügung gestellt zu bekommen. Ganz offensichtlich sehen Mitarbeiter/innen diese Situation weniger als Ausdruck der Ohnmacht der Führungskräfte, sondern eher als Versagen bzw. Kompetenzschwäche.

Rahmenbedingungen guter Arbeit

Ein wichtiger Aspekt der Zufriedenheit und Befindlichkeit der Mitarbeiter/innen ist die Frage, ob man das Gefühl hat, über die für die eigenen professionellen Ansprüche erforderlichen Rahmenbedingungen zu verfügen. Diese strukturelle Seite ist ein wichtiges Aufgabenfeld von Führung, das neben der Mitarbeiterführung und der Entwicklung und Benennung von Zielen für die jeweilige Tätigkeit zu den grundlegenden Aspekten der Führungsrolle gehört.

Qualität der Führungsbeziehung

Hat die wahrgenommene generelle Skepsis gegenüber der Kompetenz der Führenden angesichts der Veränderungsprozesse in Organisationen Auswirkungen auf die erlebte Qualität der Beziehung zwischen Führenden und Geführten und wie haben sich diese generell entwickelt?

Führungskräfte bieten Beschäftigten nicht ausreichend Halt und Orientierung (n=979)

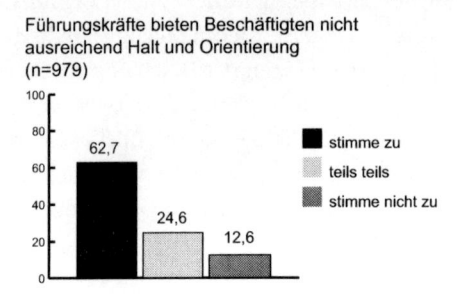

- stimme zu: 62,7
- teils teils: 24,6
- stimme nicht zu: 12,6

Mehr als 60 % der befragten Supervisor/innen teilen die Einschätzung, dass in der Situation einer tendenziellen Verschlechterung der Arbeitsbedingungen und angesichts der permanenten Veränderungsprozesse die Führungskräfte den Beschäftigten nicht ausreichend Halt und Orientierung bieten.

Organisationsmitgliedern werden auch solche Aufgabe zugewiesen, für die sie beruflich nicht qualifiziert sind (n=932)

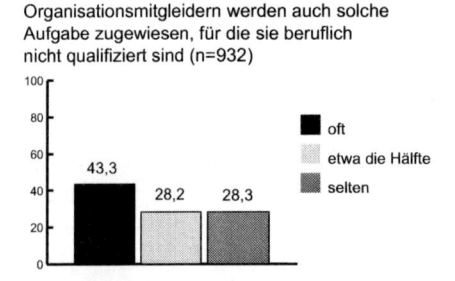

- oft: 43,3
- etwa die Hälfte: 28,2
- selten: 28,3

Nur ein relativ geringer Anteil von etwas mehr als 12 % glaubt, dass Führungskräfte ausreichend Halt und Orientierung geben. Ganz offensichtlich sind die Führungskräfte nicht in der Lage, diese Funktion zu gewährleisten. Die Frage nach fehlendem Halt und Orientierung äußert sich auch deutlich in der Einschätzung, dass Mitarbeiter/innen Aufgaben zugewiesen werden, für die sie nicht beruflich qualifiziert sind. Containment würde an dieser Stelle verlangen, eine solche Überforderung frühzeitig zu erkennen und zu antizipieren, damit Mitarbeiter/innen nicht in Situationen geraten, die sie aus ihrer Sicht nicht bzw. nicht angemessen kognitiv und emotional bewältigen können. Natürlich bleibt die Frage offen, ob dies Ausdruck einer mangelhaften Führungskompetenz ist, wie es offensichtlich die Mitarbeiter/innen erleben, oder aber selbst Ausdruck einer strukturellen Überbelastung in der Führungsrolle. Einmal mehr stellt sich hier die Frage, welche Rolle Supervision in der Unterstützung von Führungskräften bei der Entwicklung einer Containment-Kompetenz spielen kann. Sie könnte möglicherweise selbst ein System zur Sicherung und Gewährleistung des nötigen Containments in Organisationen bilden. Dazu bemerkt allerdings einer der Befragten, dass

„eben Führungskräfte auf oberen Ebenen nicht mehr sich die Luft und die Zeit nehmen, zu denken, was macht denn jetzt eigentlich Sinn, brauche ich es eigentlich, ich brauche es nicht, sondern wie oft-, ja, also einfach die Fragen von-, also die Konfliktkosten werden nicht bedacht, die Frage des Wertes und des Sinns wird nicht wirklich angeguckt. Und das als Vordergrund, was ist denn die Aufgabe, was ist der Sinn, was ist der Wert, und dementsprechend, wie müssen wir unsere Organisation strukturieren und wie müssen wir unsere Mitarbeiter führen, das geht heute ganz häufig verloren. Und wenn das verloren geht, haben zwar Supervisoren unheimlich viel Arbeit, aber ich finde das jetzt nicht so vergnüglich, diese Arbeit (lacht), ich arbeite lieber, wo ich denke, ah, das macht auch einen Sinn."

Es bleibt aber die Frage, ob die Führungskräfte diese Situation der eigenen Überarbeitung als belastend und besprechungswürdig erleben oder eher zur Steigerung ihres Selbstwertgefühls nutzen. Das Ergebnis macht ein wenig skeptisch: So glauben insgesamt mehr als 50 % der Supervisor/innen, dass die Überarbeitung, die es auch bei Führungskräften gibt, von diesen eher als Statussymbol benutzt wird, ohne dass daraus weitere Konsequenzen gezogen werden.

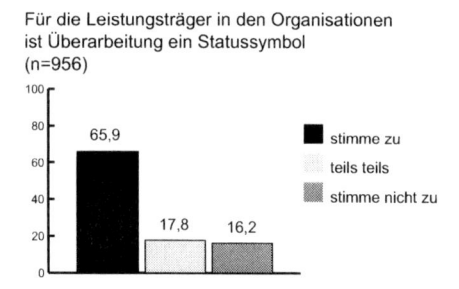

Für die Leistungsträger in den Organisationen
ist Überarbeitung ein Statussymbol
(n=956)

	stimme zu	teils teils	stimme nicht zu
	65,9	17,8	16,2

Insgesamt scheint neben der mangelhaft wahrgenommenen Containment-Funktion in der Beziehung zwischen Führenden und Geführten überhaupt ein Gefühl der Kooperation eher abgenommen zu haben, während gleichzeitig das Bedürfnis nach sozialer Anerkennung durch die Vorgesetzten zunimmt.

Wodurch aber kann dann den Mitarbeiter/innen das Gefühl vermittelt werden, dass sie mit Unterstützung der Vorgesetzten die schwierigen Veränderungen und zunehmenden Herausforderungen des beruflichen Alltags bewältigen können? Ein wichtiges Element könnte dabei die Frage des Respekts als Basis der Beziehung zwischen den Führungskräften und Mitarbeitern spielen. Unter Respekt verstehen wir eine spezifische Form der Wertschätzung gegenüber einer anderen Person; sie ist getragen von Achtung und schließt in gewisser Weise ein rücksichtsloses, rein an egoistischen Interessen orientiertes Verhalten aus. Allerdings sind die Antworten auf die direkte Frage nach respektvollen Beziehungen in Organisationen in der Befragung eher wenig aufschlussreich: So glauben etwa die Hälfte, dass der gegenseitige Respekt nur teilweise vorhanden ist, jeweils etwas mehr als 20 % glauben, dass dies eher nicht bzw. eher doch der Fall ist.

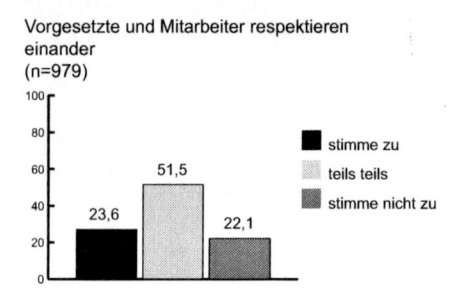

Vorgesetzte und Mitarbeiter respektieren einander
(n=979)

- stimme zu: 23,6
- teils teils: 51,5
- stimme nicht zu: 22,1

Führung und Respekt

Respekt ist ein Begriff, der einen engen Zusammenhang zu anderen Begriffen wie Anerkennung, Toleranz, Akzeptanz etc. aufweist. Toleranz ist dabei der weiteste Begriff: Toleranz zu zeigen, heißt zunächst nur, dass die Anwesenheit eines anderen im gleichen Feld akzeptiert wird, ohne dass daraus eine intensivere Beziehung entstehen muss. Respekt und Anerkennung gehen darüber deutlich hinaus: Anerkennung ist ein wesentliches Element aller sozialer Konflikte, d.h. dass auch dann, wenn vordergründig um die Verteilung materieller Dinge gestritten wird, dahinter immer das menschliche Bedürfnis nach Bestätigung, Zuneigung, Wertschätzung und Respekt gesehen wird. Respekt kann in zwei Formen unterschieden werden, nämlich in anerkennenden und bewertenden Respekt. Mit dem anerkennenden Respekt ist eher eine vorgängige Haltung in Beziehungen gemeint, d.h. eine Qualität, die von beiden Seiten ganz unabhängig von den Ergebnissen der Arbeit und den Erfahrungen im Prozess der Zusammenarbeit in die Beziehung eingebracht wird. Die außergewöhnliche Bedeutung des Respekts als zentraler Qualität der Führungsbeziehung erschließt sich, wenn wir die Frage, ob Vorgesetzte und Mitarbeiter einander respektieren, mit den anderen führungsrelevanten Items in Beziehung setzen: Es zeigt sich, dass dieser Punkt am häufigsten und signifikant mit den anderen Items zu Führung korreliert. Ergebnisse einer respektvollen Haltung auf Seiten der Führungskraft sind, dass

- Mitarbeiter/innen auch tatsächlich nur Aufgaben zugewiesen werden, die sie bewältigen können (r= -0,25);
- Mitarbeiter/innen zur Umsetzung ihrer Aufgaben die erforderlichen Arbeitsmittel zur Verfügung gestellt werden (r= 0,24);
- weniger Klagen über unzulängliche Führung geäußert werden (r= -0,29);

- das Gefühl entsteht, dass die Führung der Komplexität ihrer Aufgaben gewachsen ist (r= 0,27);
- das Gefühl verlässlicher Kooperation entsteht (r= 0,29);
- die Führungskompetenz der Führung besser bewertet wird (r= 0,29).

Anders ist das Konzept des bewertenden Respekts, d.h. eines Respekts, der im Zuge einer Kooperation bzw. einer Beziehung erst entsteht. So lassen sich die Ergebnisse auch umgekehrt in eine solche Richtung interpretieren, d.h. dass nur Mitarbeiter/innen, die angemessene Aufgaben haben, die erforderlichen Arbeitsmittel erhalten, Führungskräfte erleben, die der Komplexität ihrer Aufgabe und den Gestaltungsaufgaben gewachsen sind, als kompetent erlebt werden, genügend Halt und Orientierung bieten und ein kooperatives Verhältnis pflegen, den gegenseitigen Respekt entstehen lassen.

Respekt in der Beziehung zwischen Führungskräften und Mitarbeiter/innen ist sehr wahrscheinlich einer der wichtigsten Faktoren für eine angemessene Bewältigung der durch die Veränderungen entstandenen Belastungen: So korreliert z. B. die Erfahrung eines respektvollen Umgangs auch deutlich mit der Frage nach einem Gefühl des Deprimiert-Seins (r= -0,29) sowie dem Gefühl der Verunsicherung (r= -0,26). Respekt kann als einer der Faktoren gesehen werden, die entweder über den Weg einer negativen Befindlichkeit und psycho-physischer Belastung in eine negative Spirale mündet oder aber als eine Gesundheit fördernde bzw. Krankheiten verhindernde Beziehungsqualität.

Zusammenfassende Bemerkungen

Es ist in vielen Organisationen unübersehbar, dass die Mitarbeiter/innen veränderungsmüde oder sogar veränderungsresistent geworden sind. Liegt das am Wandel an sich oder an der Art, wie dieser durchgeführt und gemanagt wird? Ganz offensichtlich ist die Erwartung einer „guten" Führung für die meisten Mitarbeiter/innen entscheidend für die Verarbeitungsmöglichkeit der unübersehbar größer gewordenen Belastung in Organisationen. Neben strukturellen Defiziten, wie einer schlechten materiellen oder technischen Ausstattung und überfordernden Aufgabenstellungen, sind es die Beziehungsqualitäten zwischen Führungskräften und Mitarbeiter/innen, die den Ausschlag geben. Es wird aber deutlich, dass viele Führungskräfte dieser Herausforderung nur begrenzt gewachsen sind. Trotz aller fortschreitenden Qualifikation gelingt es offensichtlich nicht immer, die erforderlichen sozialen und fachlichen Kompetenzen hinsichtlich komplexer Anforderungen und struktureller Aspekte in die Praxis umzusetzen. Dabei bleibt die Frage, ob es einen Zusammenhang zwischen einer Art des Führens, die seitens der Führungskräfte von Respekt getragen ist, und der physischen und psychischen Gesundheit der Mitarbeiter/innen gibt, weiter zu untersuchen. Dieser Zusammenhang wird ja häufig unhinterfragt vorausgesetzt. In der Untersuchung wird deutlich, dass mangelnder Respekt durch Führungskräfte eine Verschlechterung der emotionalen Befindlichkeit und des emotionalen Klimas zur Folge hat. Daraus lässt sich allerdings nicht zwangsläufig ableiten, dass es zu psychophysische Beeinträchtigungen oder gar nachweisbare Krankheitssymptome wie etwa Burn-Out kommt. Dazu bedarf es zusätzlicher Variablen. Wir vermuten, dass die Verarbeitungskapazität unter anderem auch von individuellen Merkmalen, insbesondere der Fähigkeit zur Selbstfürsorge, abhängig ist.

Bei der Einschätzung der Veränderungsakzeptanz zeigt sich auch, dass zwar Beziehungen, die von Halt, Orientierung und Respekt getragen sind, das emotionale Wohlbefinden verbessern, sich aber nicht zwangsläufig auf die Arbeitseffektivität auswirken. Es kann durchaus effektiv kooperiert werden, ohne dass von einer von gegenseitigem Respekt getragenen Beziehung gesprochen wird. Die Realität in Organisationen wird von Supervisor/innen eher so beschrieben, wie es einer der Befragten in der Gruppendiskussion ausdrückt:

„Die Dimension von Führung und Leitung, und das finde ich den größten-, die größte Veränderung, also dass ich dachte, es wird gar nicht mehr geleitet oder geführt, entweder ist man ganz nett oder man ist ganz sadistisch, also es gibt aber nichts mehr dazwischen. Also wie bringe ich schlechte Botschaften an die Mitarbeiterin oder an den Mitarbeiter, wie geht denn das eigentlich, also entweder verdrücke ich mich oder ich bin ganz nett, aber die Realität zu repräsentieren und zu sagen, aber so ist das-, und es geht gar nicht mal um Kündigungen, ja, sondern es geht um Bewertungen, um die Bewertung der Arbeit. Und das bedeutet, dass Mitarbeiterinnen und Mitarbeiter zusehends alleine allein gelassen werden und überhaupt nicht wissen, bin ich hier noch im Sinne des Arbeitgebers unterwegs oder in meinem oder-, ja, es gibt wenig Resonanz über das, was ich tue, also Resonanz seitens des Teams, aber noch weniger seitens der Führungskräfte. Und das führt dazu, dass sozusagen man sich ordentlich in den Burnout-Zyklus begibt, nämlich immer mehr desselben zu machen, weil man denkt, ist es denn so richtig, und dann sich völlig verausgabt und feststellt, ich habe mich völlig in eine völlig andere Richtung bewegt."

Vermutlich sind aber auch die Erwartungen an Führungskräfte angesichts der dramatischen Veränderungen zu hoch. Schon die persönlichen Interviews haben gezeigt, dass Führungskräfte Ambivalenzen, positiven und negativen Projektionen seitens der Mitarbeiter/innen sowie wachsenden Anforderungen in ihrer professionellen fachlichen Rolle ausgesetzt sind. Viele Führungskräfte weichen diesen Anforderungen aus, indem sie diese einfach an ihre Mitarbeiter/innen delegieren oder sich aus dem Kontakt zurückziehen und einfach abtauchen, d.h. sich der Beziehung zu den Geführten entziehen. Hier entsteht aber unübersehbar eine interessante Lücke für die Supervision, die möglicherweise bisher stark durch Coaching besetzt worden ist: Führungskräfte brauchen ganz offensichtlich selbst einen strukturell gesicherten Raum, um die eigene Überlastung bearbeiten und gleichzeitig die für die Mitarbeiter/innen notwendige Containment-Aufgabe bewältigen zu können. Die Führungskraft-Supervisor-Beziehung könnte ein solcher Raum sein, der Organisationen, deren Führungskräfte und Mitarbeiter/innen darin unterstützt, manche der überfordernden Veränderungen bearbeitbar zu machen und so eine angemessene (Selbst-) Fürsorge zu fördern und zu gewährleisten, die das Arbeiten angesichts belastender Strukturen erträglich oder sogar interessant machen könnte.

Die Entwicklung von Respekt als Beziehungsqualität führt weit über die rein organisatorische Ebene und die Führungsbeziehung hinaus. Anderen Menschen respektvoll zu begegnen, ist eine der wichtigsten Voraussetzungen, um die sozialen Ungleichheiten in der modernen Gesellschaft auszuhalten.

Zum Weiterlesen

Honneth, A. (2010): Das Ich im Wir. Berlin: Suhrkamp Verlag.

Quaquebeke, N. van, Henrich, D. C., Eckloff, T. (2007): „It's not tolerance I'm asking for, it's respect!" A conceptual framework to differentiate between tolerance, acceptance and (two types) of respect. Gruppendynamik und Organisationsberatung, 38 (2), 185-200.

Sennett, R. (2004): Respekt im Zeitalter der Ungleichheit. Berlin: Berliner Taschenbuchverlag.

Kollegialität

Bettina Daser

Kollegialität ist ein Begriff, der für Stabilität und Kontinuität in Organisationen steht, weshalb ihm eine große Bedeutung zukommt. In Zeiten großer Veränderungen in Organisationen, die oftmals Rationalisierungsmaßnahmen wie Personalabbau einschließen, kann Kollegialität jedoch nicht mehr als selbstverständlich vorausgesetzt werden. Beschäftigte möchten gerne in schwierigen Situationen auf die Unterstützung ihrer Kolleg/innen zurückgreifen, sind aber oftmals selbst nicht bereit oder fähig, kooperativ zu agieren, wenn sie um Hilfe gebeten werden. Das hat weniger mit einer prinzipiell unkooperativen Haltung von Beschäftigten zu tun, sondern vielmehr damit, dass in Organisationen die Rahmenbedingungen fehlen, die Kooperation fördern oder auch nur zulassen.

Was ist Kollegialität?

Kollegialität soll hier verstanden werden als eine vertrauensvolle, kooperative und hilfsbereite Form der Zusammenarbeit auf gleicher Augenhöhe, was bedeutet, dass Unterschiede wie Alter, Berufserfahrung, Bildungsgrad, Beschäftigungsform oder Geschlecht idealtypisch nicht zum Tragen kommen. Eine kritische Auseinandersetzung miteinander, die konstruktiv gestaltet auf die Optimierung der Zusammenarbeit im Team oder gemeinsamer Arbeitsergebnisse abzielt, schließt der Begriff der Kollegialität nicht aus. Basis einer vertrauensvollen Zusammenarbeit ist wechselseitiger Respekt gegenüber Personen und ihren Tätigkeiten, wofür Sympathie dienlich, aber nicht zwingend notwendig ist. Wechselseitiger Respekt erfordert jedoch die innere Bereitschaft, Anliegen, Standpunkte und Sorgen von Kolleg/innen ernst zu nehmen und sich zumindest zu einem gewissen Grad auf ihre Art von Problemlösung einzulassen. Im Umgang unter Kolleg/innen sollte Fairness überwiegen und gemeinsame Interessen und Ziele im Vordergrund stehen, während individuelle (Karriere-) Ziele und persönliche Vorlieben eher hinten anstehen. Das bedeutet auch, relevante Informationen mit allen Kolleg/innen zu teilen und einen Wissensvorsprung nicht zum eigenen Vorteil zu nutzen. Idealtypisch bietet Kollegialität Raum für jede Art von Emotion, führen Emotionen wie Neid oder Wut jedoch zu unnötigen Konflikten, die eine kooperative Zusammenarbeit hintertreiben, gewinnt die Kontrolle dieser Emotionen an Bedeutung. Gemeinsam empfundene Freude kann hingegen als eher positiv für die Zusammenarbeit gewertet werden, sofern sie nicht von der primären Arbeitsaufgabe abhält. Kollegialität beruht auf Gegenseitigkeit: Wer die Unterstützung seiner Kolleg/innen beansprucht, muss sich hilfsbereit zeigen, sobald diese Hilfeleistungen von seiner Seite benötigen. Das setzt jedoch voraus, dass Hilfegesuche explizit kommuniziert werden. Kollegialität bedeutet nicht, die Wünsche und Erwartungen, die nicht geäußert werden, zu berücksichtigen. Es sei denn, sie können als bekannt, da im gemeinsamen Verständnis von Professionalität verankert, vorausgesetzt werden. So gelten für verschiedene Berufsgruppen jeweils eigene Verhaltenskodizes, die es zu beachten gilt. Professionelle Standards von Berufsgruppen bieten wiederum die Möglichkeit, sich von anderen Berufsgruppen abzugrenzen und auf diese Weise Solidarität und Geschlossenheit nach innen herzustellen und nach außen zu demonstrieren.

Kollegialität hat viele Facetten, die hier nur kurz skizziert werden können. Nicht alle dieser Facetten sind jederzeit miteinander in Einklang zu bringen, im Arbeitsalltag sind Kompromissbildungen wahrscheinlich und sinnvoll, weil zu hohe Ansprüche an Kollegialität die Umsetzung in der Praxis erschweren. In der Realität sprechen viele Faktoren gegen die alltagspraktische Relevanz von Kollegialität, von denen einige genannt werden sollen: Je heterogener Kolleg/innen und ihre Arbeits- und Lebenssituationen sind, umso schwieriger ist es, gemeinsame Interessen zu erkennen und zu vertreten. Individualisierungsprozesse auf gesellschaftlicher Ebene verstärken den Effekt der Entsolidarisierung unter Kolleg/innen, weil sie für eine weitere Ausdifferenzierung von Lebenslagen sorgen. Zudem wird Kollegialität in Organisationen immer weniger als Wert erachtet, den es institutionell zu verankern und zu pflegen gilt. Das zeigt sich zum Beispiel an einem steigenden Konkurrenzdenken, das nicht nur in Profit-, sondern inzwischen auch in Non-profit Organisationen von Vorgesetzten unterstützt oder gar gefordert wird, sowie an einer steigenden Tendenz, Erfolge und Misserfolge zu personalisieren. Weitere Rahmenbedingungen verändern sich und erschweren zunehmend kollegiales Verhalten. Dazu gehört die Aushöhlung professioneller Standards, Personalabbau, der den ohnehin vorhandenen Leistungsdruck erhöht, schrumpfende finanzielle Budgets und eine Leitung, die immer weniger geeignet scheint, die Erwartungen der Beschäftigten zu erfüllen.

Items zum Thema Kollegialität
In der quantitativen Erhebung wurden die befragten Supervisor/innen nicht direkt nach ihrer Einschätzung von Kollegialität gefragt, es gibt aber mehrere Items, die gemeinsam betrachtet ein Urteil darüber erlauben, wie sie gegenwärtig den Zustand von Kollegialität in Organisationen einschätzen:
- Hilfe suchende Beschäftigte können auf kollegiale Unterstützung bauen.
- Die soziale Anerkennung unter Kollegen ist hoch.
- Die Beziehung zwischen befristet und unbefristet Beschäftigten ist kollegial.
- Das Konkurrenzdenken unter den Beschäftigten hat zu- oder abgenommen.
- Unter den Beschäftigten gibt es offene Feindseligkeiten.
- Das Bedürfnis nach sozialer Anerkennung unter Kollegen hat zu- oder abgenommen.

Zum einen ist es interessant, wie diese Items im Einzelnen von den Supervisor/innen beurteilt werden. Zum anderen stehen die Zusammenhänge zwischen den Items im Fokus und sollen beleuchtet und gegebenenfalls problematisiert werden. Dabei werden nicht nur Zusammenhänge zwischen den Items dargestellt, die Kollegialität ausmachen, sondern auch weitere Items hinzugezogen, die Hinweise darauf geben, was es in Organisationen braucht, damit Kollegialität gelebt werden kann. Auf diese Weise kann das Verständnis der Supervisor/innen vom gegenwärtigen Zustand der Kollegialität weiter präzisiert werden, was in Anbetracht der Verteilung der Skalenwerte bei einzelnen Kollegialitäts-Items durchaus Sinn macht. Denn die Skalenwerte dieser Items sind über mehrere Ausprägungen nahezu normalverteilt, weshalb eine Aussage über sie erst im Kontext weiterer Items als sinnvoll erscheint.

Kollegiale Unterstützung
Ob Hilfe suchende Beschäftigte auf kollegiale Unterstützung bauen können, wird von den befragten Supervisor/innen nicht einheitlich eingeschätzt. Es scheint, als hinge das auch von den jeweiligen Rahmenbedingungen innerhalb der Organisationen ab.

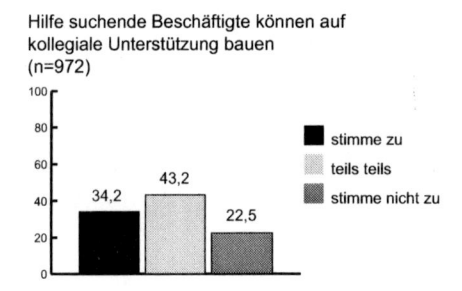

Hilfe suchende Beschäftigte können auf kollegiale Unterstützung bauen (n=972)

- stimme zu: 34,2
- teils teils: 43,2
- stimme nicht zu: 22,5

An der Grafik wird sichtbar, dass die Ausprägung „teils/teils" die größte Zustimmung erfährt, gefolgt von „stimme zu". Innerhalb der Gruppe der Kollegialitäts-Items korreliert dieses Item positiv mit dem Item „Die soziale Anerkennung unter Kollegen ist hoch" (r=0,44) und mit „Die Beziehung zwischen befristet und unbefristet Beschäftigten ist kollegial" (r=0,41). Konkurrenzdenken (r=-0,27) sowie das Vorhandensein offener Feindseligkeiten (r=-0,24) korrelieren negativ mit diesem Item. Im Umkehrschluss könnte das bedeuten, dass Kooperation und Konkurrenz Prinzipien sind, die in Organisationen nur schwer miteinander in Einklang gebracht werden können.

Zieht man weitere Items heran, so zeigt sich, dass kollegiale Unterstützung dann wahrscheinlich ist, wenn in Organisationen Spielraum für kreative Problemlösungen besteht (r=0,27), das Betriebsklima gut ist (r=0,24) und Vorgesetzte von ihren Mitarbeitern als kooperativ (r=0,37) und respektvoll erlebt werden (r=0,37). Kollegialität, so könnte man folgern, setzt bestimmte Rahmenbedingungen in Organisationen voraus und festigt diese zugleich.

Ihr kommt dann eine stabilisierende Wirkung zu, wenn es Beschäftigten gelingt, gemeinsam dahingehend auf ihre Arbeitsbedingungen einzuwirken, dass sich eine Verbesserung für alle einstellt, wie folgendes Beispiel aus einem qualitativen Interview veranschaulichen soll:

„Und irgendwann ist es denen miteinander tatsächlich gelungen, darüber zu reden, wenn wir mal anfangen würden zu spintisieren, was man nun verändern könnte, was wären denn dann wirklich Wünsche und Vorstellungen. Und es ist tatsächlich eine ganze Menge rausgekommen und es gelang dann, darüber zu reden, was das aber auch heißt, wenn man das verändert, hat das einen Rattenschwanz an Folgen für jeden Einzelnen hier. Und dass eigentlich jammern und es schlecht finden, letztlich bequemer ist, als zum Beispiel zu sagen, ja, wenn wir das verändern, muss ich tatsächlich geteilten Dienst machen, aber dieser geteilte Dienst würde für mich bedeuten, dass ich regelmäßig am Samstag frei habe oder, oder, oder, also das mal gegeneinander abzuwägen. Das haben sie gemacht und haben es dann hingekriegt, die Abläufe so zu verändern, dass die alten Menschen nicht um fünf Uhr ins Bett mussten abends, und sie selber-, Freiräume entstanden sind, wie sie die Arbeit strukturiert haben, wo sie miteinander dann relativ gut zufrieden waren, die Arbeitszufriedenheit ist gewachsen, die Leitung war bereit, dass sie das mitgemacht hat, also da ist richtig kreativ was in Gang gekommen. [...] Das war ein längerer Prozess, [...] und irgendwie bewegte sich dann was, weil sie merkten, wir können etwas bewegen, wo alle gewinnen, und nicht, wie die Phantasie war, wenn wir was verändern, verlieren alle, das war der wichtige Schritt."

Oftmals entstehen in Organisationen aufgrund von Personalkürzungen jedoch eher Konstellationen, die Kollegialität erschweren, wie eine Supervisorin berichtet:

„[...] In einer Ambulanz, wo nur Frauen arbeiten, wo zu einem Zeitpunkt irgendwie fünf von 20 schwanger waren und die anderen waren so was von sauer, weil das bedeutet hat, dass die dann keine Nachtdienste mehr machen durften und die anderen das halt ausgleichen mussten und so weiter. Und dann eben die auch ausschieden, zumindest für die Zeit des Mutterschutzes oder gegebenenfalls Erziehungszeit, und dann wieder neue angelernt werden mussten und so. Und das war früher anders, früher wenn irgendwie eine oder zwei Kolleginnen aus Teams schwanger wurden, dann haben die anderen sich mit denen gefreut, jetzt haben die schon Schuldgefühle und wissen nicht, wie sie es ihren Kolleginnen beibringen sollen, dass sie schwanger sind, [...]"

Soziale Anerkennung unter Kolleg/innen
Kooperatives Verhalten erfordert und fördert zugleich die soziale Anerkennung unter Kolleg/innen. Sie ist, so zeigen die quantitativen Ergebnisse, allerdings nicht als selbstverständlich vorauszusetzen. Wie bei der kollegialen Unterstützung überwiegt die Einschätzung „teils/teils", gefolgt von „stimme zu". Folglich schätzen die befragten Supervisor/innen die soziale Anerkennung unter Kolleg/innen im Vergleich zur kollegialen Unterstützung als schlechter ein. Das könnte bedeuten, dass sich Kolleg/innen zum Teil auch dann gegenseitig unterstützen, wenn sie sich nicht in einem großen Maß gegenseitig schätzen.

Die soziale Anerkennung unter
Kollegen ist hoch
(n=925)

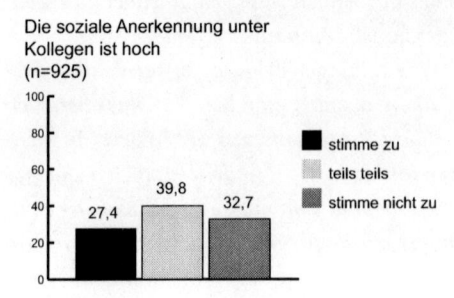

- stimme zu: 27,4
- teils teils: 39,8
- stimme nicht zu: 32,7

Die Beziehung zwischen befristet und unbefristet Beschäftigten

Etwas positiver als erwartet schätzen die befragten Supervisor/innen die Beziehung zwischen befristet und unbefristet Beschäftigten ein. Die quantitativen Ergebnisse geben keinen Hinweis darauf, dass befristete und unbefristete Beschäftigte aufgrund ihrer unterschiedlichen Interessenlage gegeneinander arbeiten würden, wie es die qualitativen Ergebnisse nahegelegt haben. Allerdings korreliert dieses Item negativ mit dem Konkurrenzdenken (r=-0,21). Das legt die These nahe, dass die Beziehung zwischen befristet und unbefristet Beschäftigten in einem kooperativen Umfeld gut ist, während Konkurrenzdenken zu einer Verschlechterung dieser Beziehung führen kann.

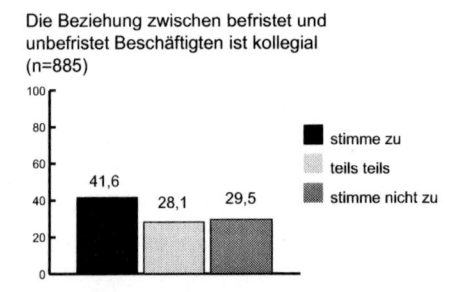

Die Beziehung zwischen befristet und
unbefristet Beschäftigten ist kollegial
(n=885)

- stimme zu: 41,6
- teils teils: 28,1
- stimme nicht zu: 29,5

Konkurrenzdenken unter den Beschäftigten

Das Konkurrenzdenken unter den Beschäftigten hat, so zeigen die quantitativen Ergebnisse, zugenommen. Möglicherweise deshalb, weil sich Führungskräfte Leistungssteigerungen seitens der Beschäftigten von einer Förderung des Konkurrenzdenkens versprechen. Auf Basis der quantitativen Daten entsteht allerdings der Eindruck, dass Konkurrenzdenken dahingehend destruktiv wirken kann, als es die Hilfsbereitschaft unter den Kolleg/innen schwächt (r=-0,27). Es gilt demnach zu bedenken, dass Kolleg/innen, aus denen Konkurrent/innen werden, sich möglicherweise gegenseitig die Unterstützung versagen, insbesondere dann, wenn sie sich gegenseitig nicht als der Karriere dienlich wahrnehmen. Allarmierend ist zudem die positive Korrelation mit dem Item „Unter den Beschäftigten gibt es offene Feindseligkeiten" (r=0,33). Dieser Zusammenhang verdeutlicht das destruktive Potenzial, das Konkurrenzdenken entfalten kann.

Das Konkurrenzdenken unter den Beschäftigten
(n=920)

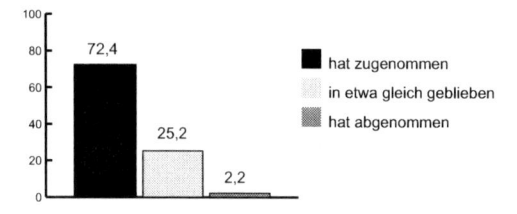

- hat zugenommen: 72,4
- in etwa gleich geblieben: 25,2
- hat abgenommen: 2,2

Offene Feindseligkeiten

Offene Feindseligkeiten gibt es unter den Beschäftigten nach Einschätzung der befragten Supervisor/innen selten. Im Vergleich zu den anderen Ergebnissen erscheint dieses als recht eindeutig. Es kann dennoch als bedenklich bezeichnet werden, wenn 12,9 % der Supervisor/innen angeben, ihnen würden oft offene Feindseligkeiten unter den Beschäftigten begegnen und knapp 30 % der Supervisor/innen offene Feindseligkeiten für etwa die Hälfte der Organisationen vermuten.

Unter den Beschäftigten gibt es
offene Feindseligkeiten
(n=937)

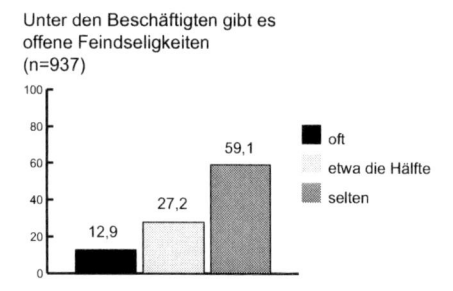

- oft: 12,9
- etwa die Hälfte: 27,2
- selten: 59,1

Wie es in Organisationen zu offenen Feindseligkeiten kommen kann schildert eine Supervisorin folgendermaßen:
„Schwierig wird es für die [Mitarbeiter], die wenig Entwicklungs- und Veränderungspotenzial haben und da viel Angst haben. Und das ist für die Mitarbeiter schwierig und ist manchmal für die Teams schwierig, weil solche Mitarbeiter dann auch Teams heftig blockieren. Also es gibt Menschen, die sich nur noch sehr schwer in ihren Rollen verändern können und dann manchmal wirklich also mitgeschleift werden müssen, also sie sind nicht kündbar, weil sie vielleicht schon 10, 15 Jahre da sind, und gehen Veränderungen nicht mehr mit, können nicht mehr gewonnen werden, das belastet. […] es gibt Teams, die lassen sich wechselseitig in Ruhe, da geht jeder seinen eigenen Weg, es gibt Teams, die

solche Konflikte über Mobbing lösen, und es gibt Teams, in denen es gelingt, unter Umständen mal mindestens im Gespräch zu sein und mal zu gucken, findet man für diese Situation eine Lösung zusammen mit Leitung, wo vielleicht ein Job gefunden werden kann, wo das dann vielleicht nicht ganz so gravierend zu Tage tritt, was da an nicht mehr Veränderungsmöglichkeit gegeben ist."

Diese Beschreibung lässt sich durch die quantitativen Ergebnisse stützen, da offene Feindseligkeiten nicht nur mit dauerhaftem Leistungsdruck positiv korrelieren (r=0,21), sondern beispielsweise auch mit dem Item „Die Beschäftigten wagen nicht offen auszusprechen, was sie denken und fühlen" (r=0,35). Das legt die These nahe, dass eine Leitung, die offen ist für die Wünsche und Sorgen ihrer Mitarbeiter/innen und nur so viel Leistung fordert, wie die Beschäftigten dauerhaft erbringen können, die Wahrscheinlichkeit für das Auftreten offener Feindseligkeiten unter den Beschäftigten senken kann.

Das gestiegene Bedürfnis nach sozialer Anerkennung unter Kolleg/innen

Das Item „Das Bedürfnis nach sozialer Anerkennung unter Kollegen hat zugenommen" ist uns zunächst für die Beurteilung von Kollegialität relevant erschienen. Dieses Item korreliert jedoch kaum mit den anderen Items, die sich auf Kollegialität beziehen. Deshalb soll es nur einzeln betrachtet, nicht aber in einen Zusammenhang mit den anderen Kollegialität-Items gestellt werden.

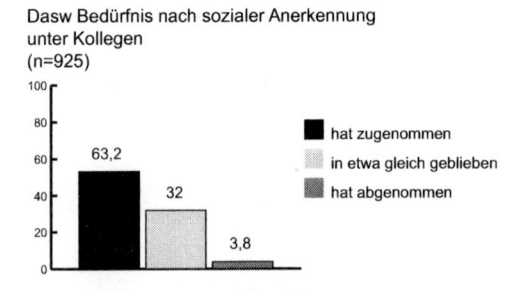

Dasw Bedürfnis nach sozialer Anerkennung
unter Kollegen
(n=925)

- hat zugenommen: 63,2
- in etwa gleich geblieben: 32
- hat abgenommen: 3,8

Mehr als zwei Drittel der befragten Supervisor/innen gibt an, dass ihrer Einschätzung nach das Bedürfnis nach sozialer Anerkennung unter Kolleg/innen zugenommen hat. Ein Drittel geht davon aus, dass sich das Bedürfnis nach Anerkennung nicht verändert hat. Die qualitativen Ergebnisse verweisen auf einen Zusammenhang, den die quantitativen Ergebnisse nicht direkt belegen, aber auch nicht ausschließen: Je weniger soziale Anerkennung Beschäftigte in Organisationen erfahren, umso größer ist ihr Bedürfnis nach sozialer Anerkennung. Das würde die bereits geäußerte These stützen, dass Kollegialität eines starken und schützenden Rahmens in Organisation bedarf.

Resümee und Ausblick
Gelebte Kollegialität bietet den Beschäftigten einen verlässlichen Rahmen und stabilisiert die Zusammenarbeit in Organisationen. Derzeit scheinen sich die Rahmenbedingungen für Kollegialität jedoch deutlich zu verschlechtern, was dazu führen kann, dass kollegiales Verhalten für Beschäftigte an Attraktivität verliert und sie sich verstärkt persönlichen Karrierezielen widmen. Die Daten zeigen jedoch auch, dass es für Organisationen durchaus lohnend sein kann, die Kooperation unter den Beschäftigten zu stärken: das Betriebsklima ist gut, es entstehen kreative Problemlösungen, die in einigen Fällen sowohl für Beschäftigte als auch für die Organisation von Vorteil sind und offenen Feindseligkeiten kann ein Stück weit der Nährboden entzogen werden. Kollegialität zu stärken, bedeutet allerdings auch das Verhältnis von Kooperation und Konkurrenz in der eigenen Organisation kritisch zu prüfen und möglicherweise auf weitere Rationalisierungsmaßnahmen zu verzichten, um den Beschäftigten nicht die Ressourcen zu nehmen, die sie benötigen, um einander kooperativ zu begegnen.

Ausgewählte flankierende Befunde anderer Forschergruppen

Rolf Haubl

Die Ergebnisse unserer Untersuchung sind keine Ausnahmen. Verschiedene Gruppen von Forscher/innen haben vergleichbare Befunde veröffentlicht, die sich wechselseitig stützen.

2007 haben 2,3 Millionen Erwerbstätige in Deutschland angegeben, dass sie unter arbeitsbedingten gesundheitlichen Beeinträchtigungen leiden. Jeder achte berichtet von psychischen Belastungen, die sich negativ auf sein Wohlbefinden und darüber vermittelt auf seine Arbeitsleistung auswirken. Am häufigsten werden Zeitdruck und Arbeitsverdichtung als Ursachen genannt. (Grau 2009)

Eine Studie der Hans-Böckler-Stiftung zeigt, dass die befragten Betriebsräte bei 43 % der Beschäftigten von erheblichen berufsbedingten psychischen Problemen und in 67 % der deutschen Betriebe von einem sehr hohen Leistungsdruck ausgehen. (Ahlers 2008)

Das Fürstenberginstitut (2010) geht auf Basis einer von FORSA durchgeführten Untersuchung von einer hohen Belastung bei 60 Prozent der Berufstätigen und bei 53 % von psychischen oder sozialen Probleme aus, und schätzt den volkswirtschaftlichen Schaden auf bis zu 262 Mrd. Euro im Jahr.

Das Statistische Bundesamt (2010) meldet, dass die Kosten für die Behandlung von psychischen Erkrankungen zwischen 2002 und 2008 um 32 % gestiegen sind, und schätzt die Aufwendungen allein im Bereich Depression auf ca. 5,2 Mrd. Euro/Jahr.

Im Rahmen der Befragung zum Engagement-Index für Deutschland stellt ein Großteil der Befragten fest, dass es an Anerkennung und Lob für gute Arbeit mangelt, die Förderung der individuellen Entwicklung zu kurz kommt, regelmäßiges Feedback über persönliche Fortschritte ausbleibt, sie eine Tätigkeit ausüben, die ihnen nicht wirklich liegt, sich niemand im Unternehmen für sie als Mensch interessiert und ihre Meinung und Ansicht kaum Gewicht hat. (The Gallup Organization Deutschland 2005)

Beschäftigte, die sich um den Erhalt ihres Arbeitslatzes sorgen, weisen deutlich erhöhte psychische Beeinträchtigungen auf, mehr noch als Arbeitslose. (Sverke et al. 2002)

Je größer die Arbeitsplatzunsicherheit ist, desto häufiger wird Mobbing am Arbeitsplatz. (Cuyper et al. 2009)

Arbeitsplatzunsicherheit führt zu falscher Ernährung: zu viel, zu fett und zu viel Süßes, zudem zu erhöhtem Tabakkonsum sowie zu Medikamenten- und Alkoholmissbrauch. (Haupt 2010)

Beschäftigte, die ihre Situation als Gratifikationskrise erleben, weil ihr Arbeitseinsatz und die Anerkennung, die sie dafür erhalten, weit auseinander liegen, haben ein 6-fach erhöhtes Risiko, depressive Symptome zu entwickeln. (Larisch et al. 2006)

Jede/r fünfte Arbeitnehmer/in, vor allem Arbeitnehmer/innen mit hoher psychischer Belastung hält die Einnahme von Medikamenten zur Leistungssteigerung ohne medizinische Indikation für vertretbar. (DAK 2009)

Geringe soziale Unterstützung am Arbeitsplatz erhöht für die Beschäftigten das Risiko einer Depression, bei Männern um das 2,7-fache, bei Frauen um das 3,3-fache. (Andrea et al. 2004)

Je stärker depressive Beschwerden von Arbeitnehmer/innen sind, desto früher und länger sind sie krank gemeldet. (Lexis et al. 2009)

Mangelnde soziale Unterstützung, schwere zwischenmenschliche Konflikte bei der Arbeit, Ausgeschlossenwerden durch Vorgesetzte oder durch Kolleg/innen erhöhen die Wahrscheinlichkeit, an einer Depression zu erkranken. (Stoetzer et al. 2009)

Arbeit lässt sich objektiv und subjektiv bewerten. Eine hohe Arbeitsintensität, wie sie durch eine objektive Arbeitsanalyse erfasst wird, geht mit einer hohen Häufigkeit depressiver Erkrankungen unter den Arbeitnehmern einher. Dies trifft nicht für die Handlungsspielräume zu. Werden auch die Handlungsspielräume am Arbeitsplatz objektiv analysiert, dann findet sich kein signifikanter Zusammen zwischen geringen Spielräumen und depressiven Erkrankungen. Gefunden werden sie dann, wenn man sich auf subjektive Arbeitsanalysen beschränkt. Es ist wahrscheinlich, dass Beschäftigte, die depressiv erkrankt sind, weniger Handlungsspielräume wahrnehmen, als objektiv vorhanden sind. (Rau et al. 2010)

Beschäftigte, die an ihren Arbeitsplätzen nur geringe Möglichkeiten besitzen, sich zu beteiligen und ihre Ideen einzubringen, haben ein 3,5-fach erhöhtes Burnout-Risiko. Kommen Konflikte mit Vorgesetzen hinzu, vergrößert sich das Risiko um den Faktor 1,5. (Klemens et al. 2004)

Je stärker arbeitsbedingtes Burnout ist, desto wahrscheinlicher wird eine Erwerbsunfähigkeitsrente. (Ahola et al. 2009)

Beschäftigte, die über einen geringen Entscheidungsspielraum bei ihrer Arbeit verfügen, haben an arbeitsfreien Tagen einen signifikant erhöhten Kortisolspiegel und damit eine schlechtere Erholung. (Berset et al. 2009)

Beschäftigte, die unter psychischen Beeinträchtigungen leiden, gehen im Vergleich mit Beschäftigten mit körperlichen Beschwerden sehr viel länger weiterhin zur Arbeit und dies bei deutlich geminderter Produktivität. Das kann mit einer Angst vor Fremdstigmatisierung zusammenhängen, aber auch die Folge einer Selbststigmatisierung und einer (dadurch) verzerrten Selbstwahrnehmung sein. Sagt ein geringer Krankenstand generell nur bedingt etwas über die Gesundheit einer Belegschaft aus, so dürften es vor allem krankheitswertige psychische Beeinträchtigungen sein, die zu spät erkannt und anerkannt werden. (Dewa und Lin 2000)

Mehr als 71 % der Arbeitnehmer/innen in Deutschland sind binnen eines Jahres mindestens einmal krank zur Arbeit gegangen, rund 30 % sogar gegen den ausdrücklichen Rat ihres Arztes. 13 % nehmen zur Genesung extra Urlaub. (Badura et al. 2009)

Obgleich Beschäftigte angeben, dass ihre Arbeit psychisch belastend ist, schreiben sie die Verantwortung für eine Reduzierung der Belastungen nicht in erster Linie den Unternehmen zu, sondern sich selbst. Die meisten halten es für ihr persönliches Problem, wenn sie sich dem Leistungsdruck nicht gewachsen fühlen, und das selbst dann, wenn sie offensichtlich überfordert werden. Sie wollen jedem Zweifel an ihrer Leistungsfähigkeit zuvorkommen. (Dunkel et al. 2010)

Beschäftige erleben es als starke psychosoziale Belastung, wenn in ihrem Unternehmen eine große Diskrepanz zwischen Unternehmensphilosophie und Arbeitsalltag besteht, Personalentscheidungen nicht nachvollziehbar sind und Leistungsbereitschaft nicht honoriert wird. (Wilkerson 2007)

Beschäftigte, die sich an ihrem Arbeitsplatz fair behandelt erleben, haben ein deutlich niedrigeres Risiko, kardiovaskulär zu erkranken und zu sterben. (Elovainio et al. 2006)

Eine auf Vertrauen beruhende Organisationskultur reduziert den Arbeitsstress deutlich. (Rigotti und Mohr 2006)

Motivierte Arbeitnehmer/innen unterstützen ihre Kolleg/innen, achten auf die Qualität ihrer Arbeit, auch wenn sie nicht kontrolliert werden, beschweren sich nicht wegen jeder Kleinigkeit, suchen eigenständig nach Konfliktlösungen und entwickeln Eigeninitiative, um das Unternehmen voranzubringen. Ob sie motiviert sind, hängt von Arbeitsplatzsicherheit, gerechter Entlohnung, sichtbarer Anerkennung, Möglichkeiten der Mitbestimmung bei der Arbeitsplanung und Arbeitsverteilung, Aufstiegschancen sowie hilfsbereiten Kolleg/innen ab. (Organ 1996)

Ein Großteil der Führungskräfte hat eine riskante Work-Life-Balance (Hunzinger und Kesting 2004):
- 70 % von ihnen arbeiten mehr als 50 Std. pro Woche, der durchschnittliche Arbeitstag hat 10 Std.
- Ein Drittel macht während der Arbeitszeit keine Pause.
- 80 % arbeiten regelmäßig an den Wochenenden.
- Mehr als 50 % legt weniger als 1000 Meter am Tag außerhalb des Büros zu Fuß zurück und verbringt weniger als 30 Minuten im Freien.
- Mehr als die Hälfte klagt regelmäßig über Befindlichkeitsstörungen z. B. Rücken-/Gelenkschmerzen, Schlafstörungen und „Herzstolpern".
- Mehr als zwei Drittel sind mit ihrem Zeitmanagement nicht zufrieden.
- 65 % wünschen sich mehr Zeit für Partner / Familie.
- Mehr als 80 % der weiblichen Führungskräfte haben keine Kinder.

Laut Vertrauensindex, den die Gesellschaft für Konsumforschung (GfK) jährlich für verschiedene Berufsgruppen ermittelt, belegen Manager im europäischen Durchschnitt den vorletzten Platz. Es sind nur 31 % der Befragten, die angeben, Managern zu vertrauen. Der niedrigste Wert findet sich mit lediglich 17 % in Deutschland. (GfK Pressemitteilung vom 9. Juni 2010)

Literatur

Ahlers, E. (2008): WSI-Betriebsrätebefragung. Düsseldorf: Hans-Böckler-Stiftung (http://www.boeckler.de/32014_95451.html) (Zugriff vom 01.04.2011).

Andrea, H., Bültmann, U., Beurskens, A.J.H.M., Swaen, G.M.H., van Schayck, C.P., Kant, I.J. (2004): Anxiety and depression in the working population using the HAD Scale Psychometrics, prevalence and relationships with psychosocial work characteristics. Social Psychiatry and Psychiatric Epidemiology, 39, 637-646.

Badura, B., Schröder, H., Klose, J., Macco, K. (Hrsg.) (2009): Fehlzeiten-Report 2009. Arbeit und Psyche: Belastungen reduzieren – Wohlbefinden fördern. Heidelberg u. a. O.: Springer.

Cuyper, N. de, Baillien, E., Witte, H. de (2009): Arbeitsplatzunsicherheit, die wahrgenommene Beschäftigungsfähigkeit und die Erfahrung von Opfern und Tätern mit Mobbing am Arbeitsplatz. work & stress, 23 (3), 206-224.

DAK (2009): Gesundheitsreport 2009. Köln: DAK.

Dewa, C.S., Lin, E. (2000): Chronic physical illness, psychiatric disorders and disability in the work-place. Social Science & Medicine, 51, 41-50.

Dunkel, W., Kratzer, N., Menz, W. (2010): Permanentes Ungenügen und Veränderung in Permanenz. Belastungen durch neue Steuerungsformen. WSI Mitteilungen, 7.

Elovainio, M., Leino-Arjas, P., Vathera, J., Kivimäki, M. (2006): Justice at work and cardiovas-

cular mortality: A prospective cohort study. Journal of Psychosomatic Research, 61, 271-274.
Fürstenberginstitut (2010): Fürstenberg Performance Studie 2010 (Kurzfassung). Hamburg: Fürstenberg Institut (http://www.fuerstenberg-institut.de/pdf/fuerstenberg-performance-studie_febr2010_ kurzfassung.pdf) (Zugriff vom 01.04.2011).
Grau, A. (2009): Gesundheitsrisiken am Arbeitsplatz. Wiesbaden: Statistisches Bundesamt.
Haupt, C. M. (2010): Der Zusammenhang von Arbeitsplatzunsicherheit und Gesundheitsverhalten in einer bevölkerungsrepräsentativen epidemiologischen Studie. In: Badura, B., Schröder, H., Klose, J., Macco, K. (Hrsg.): Arbeit und Psyche. Berlin: Springer, S. 101-107.
Hunzinger, A., Kesting, M. (2004): Work-Life-Balance von Führungskräften.
Klemens, S., Wieland, R., Timm, E. (2004): Was schützt vor Burnout in IT-Berufen? Belastungen und Ressourcen in Unternehmen der IT-Branche. In: Bunghard, W., Koop, B., Liebig, C. (Hrsg.): Psychologie und Wirtschaftsleben. München: Hampp, S. 64-71.
Larisch, M., Joksimovic, L., Knesebeck, O. v. d., Starke, D., Siegrist, J. (2003): Berufliche Gratifikationskrisen und depressive Symptome. Psychotherapie, Psychosomatik, Medizinische Psychologie, 53, 223-228.
Organ, D.W. (1996): The motivational basis of organizational citizenship behavior. Research in Organizational Behavior, 12, 43-72.
Rau, R., Gebele, N., Morling, K., Rösler, U. (2010): Untersuchung arbeitsbedingter Ursachen für das Auftreten von depressiven Störungen. Berlin u. a. O.: Bundesanstalt für Arbeitsschutz und Arbeitsmedizin.
Rigotti, T., Mohr, G. (2006): Trau Schau Wem? Vertrauen in die Organisation als salutogenetischer Katalysator. Wirtschaftspsychologie, 22 (2/3), 22-29.
Statistisches Bundesamt (2010): Hohe Kosten durch Demenz und Depressionen. Pressemeldung 280/ 11.08.10.
Sverke, M., Hellgern, J., Näswall, (2002): No security: A meta-analysis and review of job insecurity and its consequences. Journal of Occupational Health Psychology, 1, 27-41.
The Gallup Organization Gallup GmbH Deutschland (2005): Ergebnis der Studie 2004: Fehlzeiten und Unproduktivität gering motivierter Mitarbeiter führen zu Schäden in Höhe von zirka 90 Milliarden Euro. Pressemitteilung vom März 2005. Potsdam: Gallup GmbH (http://www.mitarbeiterbeteiligung-beratung.de/fileadmin/downloads/motivation_und_fehlzeiten_gallup_2004.pdf) (Zugriff vom 12.04.2011)
Wilkerson, B. (2007): The stress invasion. Toronto: Global Business and Eco nomic Round Table on Addiction and Mental Health in the Workplace.

Strukturwandel der Arbeit[1]

G. Günter Voß

Der historische Blick zeigt, dass sich seit etwa Ende der 1980er Jahre ein grundlegender Strukturwandel der Arbeitswelt vollzieht, den eine Vielzahl populärer Schlagworte zu beschreiben versucht: „neoliberale Flexibilisierung" der Arbeits-, Organisations- und Beschäftigungsstrukturen, „Sozialabbau", „Markt- und Kundenorientierung", „finanzmarktgetriebene Ökonomisierung" der Betriebe usw. Dass das gewohnte „Normalarbeitsverhältnis" zum Auslaufmodell wird sowie Berufsbiographien zunehmend „brüchig" und Lebenslagen für viele „prekär" werden, ist gleichfalls selten strittig. Häufig wird auch darauf verwiesen, dass in Folge der Veränderungen das bisherige Leitbild des „Arbeitnehmers" tendenziell durch das neue Modell des „Arbeitskraftunternehmers" verdrängt wird, der als „Unternehmer seiner selbst" in der Lage sein muss, sich im Arbeitsprozess aktiv selbst zu kontrollieren, seine Arbeitskraft gezielt zu ökonomisieren und sein ganzes Leben wie einen Betrieb zu rationalisieren. Nicht selten werden solche Veränderungen als Übergang von der sich seit etwa den 1920 Jahren nach und nach durchsetzenden „tayloristisch-fordistischen" Betriebsorganisation (hohe Arbeitsteilung, ausgeprägte Hierarchien; Dequalifizierung von Anforderungen u. a. m.) mit komplementärer Beschäftigungs- und Arbeitsmarktregulierung zu einem „Post-Fordismus" interpretiert, den man als Grundlage eines sich abzeichnenden flexiblen „Neo-Kapitalismus" verstehen kann.

Entgrenzung der Arbeit
Seit den 1990er Jahren ist „Entgrenzung" ein wichtiges Thema der Sozialwissenschaften, wobei es zunächst meist um Fragen der Globalisierung ging. Vor allem in der Soziologie, die sich mit Arbeit und Betrieb befasst, wurde dies zu einem viel beachteten neuen Leitkonzept (vgl. u.a. Gottschall und Voß 2005, Jurczyk et al. 2009, Kratzer 2003, Minssen 1999, Pongratz und Voß 1998, Voß 1998).

Mit „Entgrenzung" werden fast alle entscheidenden Veränderungen in der gesellschaftlichen und insbesondere betrieblichen Organisation der Arbeit seit Mitte der 1980er Jahre angesprochen: die Flexibilisierung der Arbeitszeiten, der Übergang von starren Betriebsstrukturen zu einer dynamischen Projekt- und Teamorganisation mit reduzierten Hierarchien, die Deregulierung der Beschäftigungsformen und ihrer sozialpolitischen Sicherung sowie die abnehmende Bedeutung standardisierter beruflicher Spezialisierungen und ihre Folgen für die Berufswege usw. Bei diesen und vielen anderen Phänomenen

---
1   Der Autor bedank sich bei Eva Scheder-Voß für die redaktionelle Unterstützung. Der Beitrag greift an mehreren Stellen auf Textpassagen aus anderen Veröffentlichungen zurück (Voß 2007, Voß 2010, Voß/Weiss 2005).

geraten bis dahin relativ stabile und verbindliche Strukturen der Organisation erwerbsförmiger Arbeit und Beschäftigung in Bewegung und werden „entgrenzt".

Mit „Struktur" ist dabei gemeint, dass funktional ausdifferenzierte gesellschaftliche Bereiche mit entsprechend spezialisierten Tätigkeitsprofilen bisher systematische Abgrenzungen aufwiesen und in ihren sozialen Leistungsbeiträgen unterschieden wurden. Die sich mit der Industrialisierung systematisch durchsetzende zeitliche, räumliche usw. Abtrennung von erwerbsförmiger „Arbeit" und privatem „Leben" und die dadurch bedingte jeweilige Begrenzung der Bereiche auf spezifische Funktionen ist dafür ein anschauliches Beispiel. „Entgrenzung" meint demgegenüber die immer deutlicher erkennbare Öffnung und Flexibilisierung, wenn nicht sogar den Abbau der strukturellen Trennung und funktionalen Unterscheidung von Berufs- und Privatsphäre in vielen Berufsfeldern (vgl. u.a. Gottschall und Voß 2005). Dies zeigt sich beispielsweise, wenn Erwerbstätige zunehmend zu Hause oder auf Reisen berufliche Dinge erledigen oder fast ständig beruflich erreichbar sein müssen und daher kaum mehr feste Arbeitszeiten kennen, die komplementär Zeiten eindeutiger „Freizeit" im bisherigen Sinne definieren – was vielfältige problematische Auswirkungen nicht zuletzt auf das Familienleben hat (vgl. Jurczyk et al. 2009).

Eine Folge von Strukturbildungen und damit der Abgrenzung von klar unterschiedenen sozialen Feldern des Handelns, etwa im Bereich der Arbeit, ist aus soziologischer Sicht die Beschränkung des Tätigkeitsspektrums der Betroffenen, die auf der anderen Seite überhaupt erst ein Handeln in qualifizierter Form ermöglicht und über dadurch mögliche Spezialisierungen oft zu markanten Leistungssteigerungen führt.

… und Subjektivierung der Arbeit als Folge

Durch die jetzt zu beobachtende Entgrenzung von Strukturen der Arbeitswelt ergeben sich einerseits eine tendenziell größere und vor allem flexiblere Handlungsvielfalt und damit mehr Chancen zur selbstgesteuerten Gestaltung der Arbeitstätigkeiten – was gegenüber bisherigen starren Formen der Arbeits- und Betriebsorganisation eine nicht nur von Betrieben, sondern aufgrund der damit verbundenen tendenziell steigenden Freiheitsgrade des Handelns auch eine von den meisten Beschäftigten begrüßte Veränderung bedeutet. Andererseits entsteht durch die damit verbundene Ausdünnung von handlungsorientierenden und -ermöglichenden Strukturen zunehmend der Zwang, das Arbeitshandeln mehr als bisher aktiv selbstverantwortlich zu organisieren – was mehr Entscheidungsdruck und damit ein steigendes Risiko der Überforderung oder gar des Scheiterns impliziert.

Eine Entgrenzung in der geschilderten Weise betrifft letztlich *alle Dimensionen der Gestaltung von Arbeit*, mit der Folge, dass in all diesen Aspekten neue Anforderungen an die Fähigkeit von Betroffenen zur Selbstorganisation unter Einsatz all ihrer Potenziale entstehen. Die Berufstätigen müssen immer häufiger – je nach Bereich mehr oder weniger weit gehend und je nach Funktion unterschiedlich – kontinuierlich für sich und ihre Arbeit klären,

- wann, wie lange, wie schnell, also mit welcher *Zeitlogik* sie in einem Arbeitszusammenhang tätig sind;
- an welchem *Ort*, mit welchen *Bewegungen* im Raum, mit welchem Grad und mit welchen *Medien der Mobilität* (Verkehrsmittel) sie arbeiten;
- mit welcher *Sachlogik* sie eine Tätigkeit ausüben, welche betriebliche und/oder berufliche *Funktion* sie wie übernehmen, welche *Qualifikationen* dazu erforderlich sind, wann und wie diese erworben werden können und müssen;
- mit welchen *technischen* Hilfsmitteln und anderen Artefakten gearbeitet wird, wie diese konfiguriert und dann benutzt werden, wie und wo sie beschafft werden, wer sie besitzt oder wer (und wie) die Verfügung darüber hat;
- mit welchen *sinnhaften Deutungen* gearbeitet wird, v. a. welche *Motivationen* und *Werte* für die Ausübung der Tätigkeit hilfreich, erforderlich oder zulässig sind, welche sprachlichen und anderen symbolischen Ausdrucksformen zu verwenden sind;
- mit welchen Personen konkret *zusammengearbeitet* wird (was etwa bei Team- und Projektarbeit häufig wechselt), wie die *soziale Kooperation* organisiert wird, wer wofür zuständig ist;
- mit welchen *Emotionen* (sachlich, technisch-rational, kreativ-expressiv, sorgend-einfühlend usw.) gearbeitet werden muss, wie man sich *körperlich* ausdrückt (einschließlich des Outfits), welche *genderspezifischen* Momente man für sich in seiner Arbeit betont.

In Bezug auf die Arbeitenden und ihre Tätigkeiten bedeuten solche Veränderungen eine systematische *Umstellung der betrieblichen Steuerungslogik: Direkte*, auf die konkreten Aktivitäten bezogene Detailkontrollen der Arbeit (typisch für eine tayloristisch-fordistische Steuerung) werden tendenziell zurückgenommen – obwohl es das für nicht wenige Gruppen nach wie vor (und für manche sogar wieder zunehmend) gibt. Im Gegenzug werden *indirekte* Steuerungsformen ausgebaut, etwa durch mehr oder weniger harte Zielvereinbarungen und ein meist datentechnisch basiertes Ergebniscontrolling, die beide oft als „marktförmige" Steuerungen verstanden werden. Nicht mehr die konkrete Aktivität ist damit entscheidender Ansatzpunkt des betrieblichen Zugriffs auf die Arbeitenden (diese soll eher selbstorganisiert erfolgen), sondern das Ergebnis, also der „Erfolg" – und dies sehr oft bei reduzierten Tätigkeitsressourcen (Zeit, Personal usw.) und ständig steigenden Erfolgserwartungen.

Eine Entgrenzung der Arbeit in diesem Sinne wird betrieblich (mit massiver politischer Flankierung) gezielt als langfristige „Reform"-Strategie vorangetrieben, um Strukturen durchlässiger und beweglicher zu machen und Prozesse zu beschleunigen. Dazu wird den Arbeitenden im begrenzten Umfang und je nach Situation höchst verschiedenartig eine überaus paradoxe neue „Freiheit" in Form partiell erhöhter Möglichkeiten zur Selbstorganisation ihrer Tätigkeit eingeräumt. Im Gegenzug erwächst daraus aber die unbedingte Notwendigkeit, unter Einsatz aller ihrer Möglichkeiten die Arbeit aktiv zu gestalten und die gesetzten Ziele zu erreichen, möglichst sogar zu übertreffen. Dabei lassen sich zwei Ebenen einer solchen „Subjektivierung von Arbeit" (vgl. Kleemann et al. 2003, Moldaschl und Voß 2003, Voß 2007, Voß und Weiss 2005, auch Glißmann und Peters 2001) unterscheiden:

Zunächst geht es darum, dass arbeitende Personen mehr als bisher ihre *gesamten subjektiven Potenziale* systematisch in die Arbeitsprozesse einbringen müssen, und Betriebe auf diese Weise versuchen, die gesamte „Subjektivität" für ihre Zwecke zu nutzen. Neben den auf konkrete Funktionen bezogenen fachlichen Qualifikationen betrifft dies immer häufiger auch tief liegende persönlich Kompetenzen und Eigenschaften wie etwa Kreativität, Innovativität, Verantwortlichkeit, Commitment, Kommunikativität, Leistungswille, Loyalität, Lernbereitschaft und anderes mehr.

Darüber hinaus meint „Subjektivierung der Arbeit" jedoch vor allem, dass Arbeitende ihre *Subjekteigenschaft*, also die Fähigkeit, Subjekt ihrer selbst zu sein, verstärkt im Betrieb anwenden müssen – während die bisherige Logik der Arbeitssteuerung genau dies meist explizit zu unterdrücken versuchte. Sie sollen die Bereitschaft und die Kompetenz zur aktiven Selbstverantwortung und Selbststeuerung in und für ihre Arbeit in erweiterter Form entwickeln und den Betrieben als wichtiges, bisher nur wenig systematisch genutztes neues Leistungspotenzial für eine flexiblere Prozessgestaltung und zur Reduzierung von Leitungskosten zur Verfügung stellen.

Beides zusammen gesehen kann zu der These führen, dass im Zuge der verstärkten Subjektivierung der Arbeit ein tendenziell *totaler*, d.h. ein nicht mehr begrenzter gesellschaftlicher *Zugriff auf die gesamte Person der Arbeitenden* zu beobachten ist.

Psychische Belastung durch die Entgrenzung und Subjektivierung der Arbeit
Aus dieser widersprüchlichen Verbindung eigenartiger neuer Freiheiten mit gleichzeitig massiv steigendem Handlungsdruck entstehen genau die Bedingungen, die weithin – je nach Gruppe und Situation natürlich unterschiedlich – zu überlasteten Beschäftigten und psychischen Gefährdungen führen (ausführlich Voß 2010). Dabei kann man folgende typische Konstellationen unterscheiden, die potenziell krank machen:

Zum einen ist es zunächst die rein *quantitative Überlastung mit ständig steigenden Anforderungen* in allen Dimensionen (zeitlich, räumlich usw.), bei gleichzeitig schwindenden Möglichkeiten, die Anforderungen unkompliziert und mit gesicherten Rechten begrenzen zu können, die einen erheblichen Belastungsfaktor darstellt.

Zum zweiten wirken sich die aus entgrenzten Arbeitsformen oft ergebenden *unklaren Anforderungen* als sehr belastend aus. Immer seltener wissen Beschäftigte, was eine „normale" und damit ausreichende Arbeitsleistung ist oder was konkret von ihnen erwartet wird. Häufig ist deshalb die symbolische Präsentation von vermeintlichen Erfolgen wichtiger als das Entstehen von wirklich produktiven Leistungen. Die neue Freiheit der entgrenzten Arbeit schlägt dabei nicht selten in Selbstgefährdung um, da man in fast allen Belangen auf sich selbst verwiesen ist. Das gilt vor allem dann, wenn den Betroffenen *riskante Entscheidungen* oder *Regelverletzungen* (bis hin zu expliziten Rechtsverletzungen) zugemutet werden oder faktisch erwartet wird, dass sie berufsfachliche Standards und ethische Werte unterlaufen. Auch hier hat die Finanzkrise

Erschreckendes zu Tage gefördert: viele Bankbeschäftigte sehen sich gezwungen, ihren Kunden systematisch problematische Produkte verkaufen zu müssen bei einer gleichzeitigen unaufhörlicher Betonungen vermeintlicher „Kundenorientierung".

Zum dritten bedeutet Subjektivierung, dass man gezwungen, aber nicht selten auch gerne dazu bereit ist, die gesamte Person mit höchstem Commitment einzusetzen, in der Hoffnung auf eine erfüllte Tätigkeit, auf positive Kollegenbeziehungen oder auf persönliche Erfolgserlebnisse und soziale Anerkennung. Aber genau dies wird immer wieder enttäuscht. *Man gibt „alles", bekommt aber wenig zurück;* vielleicht weil der Vorgesetzte seine Aufgabe in diesem Sinne nicht wahrnimmt oder selbst überfordert ist. Vielleicht aber auch, weil die Struktur der Arbeit verhindert, dass man überhaupt die Erfolge sieht oder, was zunehmend vorkommt, Erfolge obsolet werden, weil inzwischen der Bereich nicht mehr existiert. Es sind diese typischen Belastungskonstellationen, die häufig zu Burnout, chronischer Müdigkeit, Perspektivlosigkeit und ähnlichen Symptomen führen.

Zum vierten wird immer deutlicher, in welch krasser Form Betriebe *Selbstorganisation und -verantwortung* ihrer Belegschaften durch *Überwachungen und Berichtspflichten* selbst bei qualifizierten Mitarbeiter/innen konterkarieren. Eine größere *Widersprüchlichkeit der Anforderungen* kann man kaum aufbauen: Die Beschäftigten sollen selbständig, innovativ und mitdenkend verantwortlich im Sinne der Unternehmensziele sein und werden von Unternehmensleitlinien als das „wichtigste Kapital" der Betriebe gepriesen; gleichzeitig werden sie kleinlichsten Controllings, Benchmarks und massiven Erfolgskonkurrenzen zwischen Kolleg/innen unterworfen. Dass so etwas Mitarbeiter/innen auf Dauer ausbrennt, ist gut nachzuvollziehen.

Schließlich ist es fünftens die mit einer Subjektivierung der Arbeit verbundene systematische *Ambivalenz*, die Menschen massiv beinträchtigen kann. Keiner will auf die neuen Freiheiten der flexiblen Arbeitswelt verzichten, die neue Entfaltungsmöglichkeiten und Selbständigkeiten versprechen. Aber zugleich erleben viele schmerzhaft die Fallen der neuen Freiheiten und die daraus resultierenden Überforderungsgefahren. Die Folge ist häufig, dass man *sich der widersprüchlichen Situation resignativ ergibt und auf Gegenwehr verzichtet.* Gegen wen sollte man sich auch wehren? Die Belastungen und ein mögliches Scheitern werden oft sich selbst zugerechnet und die traditionellen Vertretungsorgane sind mit den neuen Verhältnissen und den darin liegenden Ambivalenzen nicht selten überfordert.

Hinzu kommen schließlich die erheblichen *biographische Verunsicherungen,* die aus den zunehmend prekären Beschäftigungsbedingungen und der nach wie vor schwierigen allgemeinen Arbeitsmarktsituation entstehen. Dies wird durch die *generelle gesellschaftliche Verunsicherung der Bevölkerung,* in Folge der politischen „Reformen" der sozialen Sicherungssysteme und nicht zuletzt der aktuellen Finanz- und Wirtschaftskrise, noch einmal erheblich forciert.

Literatur

Glißmann, W., Peters, K. (Hrsg.)(2001): Mehr Druck durch mehr Freiheit. Die neue Autonomie in der Arbeit und ihre paradoxen Folgen. Hamburg: VSA-Verlag.

Gottschall, K., Voß, G. G. (Hrsg.) (2005): Entgrenzung von Arbeit und Leben. Zum Wandel der Beziehung von Erwerbstätigkeit und Privatsphäre im Alltag (2. Aufl.). München/Mering: Hampp.

Jurczyk, K., Schier, M., Szymenderski, P., Lange, A., Voß, G. G. (2009): Entgrenzte Arbeit - entgrenzte Familie. Grenzmanagement im Alltag als neue Herausforderung. Berlin: edition sigma.

Kleemann, F., Matuschek, I., Voß, G. G. (2010): Subjektivierung von Arbeit. Ein Überblick zum Stand der soziologischen Diskussion. In: Moldaschl, M., Voss, G. G. (Hrsg.), Subjektivierung von Arbeit. München, Mering: R. Hampp Verlag, S. 57-114.

Kratzer, N. (2003): Arbeitskraft in Entgrenzung. Grenzenlose Anforderungen, erweiterte Spielräume, begrenzte Ressourcen. Berlin: edition sigma.

Minssen, H. (Hrsg.) (1999): Begrenzte Entgrenzungen. Wandlungen von Organisation und Arbeit. Berlin: edition sigma.

Moldaschl, M., Voß, G. G. (Hrsg.) (2003): Subjektivierung von Arbeit (2. Aufl.). München, Mering: R. Hampp Verlag.

Voß, G. G. (1998): Die Entgrenzung von Arbeit und Arbeitskraft. Eine subjektorientierte Interpretation des Wandels der Arbeit. Mitteilungen aus der Arbeitsmarkt- und Berufsforschung, 31 (3), 473-487.

Voß, G. G. (2007): Subjektivierung von Arbeit. Neue Anforderungen an Berufsorientierung und Berufsberatung oder: Welchen Beruf hat der Arbeitskraftunternehmer? In Bader, R., Keiser, G., Unger, T. (Hrsg.), Entwicklung unternehmerischer Kompetenz in der Berufsbildung. Bielefeld: Bertelsmann, S. 60-76.

Voß, G. G. (2010): Auf dem Weg zu einer neuen Verelendung? Psychosoziale Folgen der Entgrenzung und Subjektivierung der Arbeit. Vorgänge 191, 49 (3), 15-22.

Voß, G. G., Pongratz, H.J. (1998): Der Arbeitskraftunternehmer. Eine neue Grundform der „Ware Arbeitskraft"? Kölner Zeitschrift für Soziologie und Sozialpsychologie, 50 (1), 131-158.

Voß, G. G., Rieder, K. (2006): Der arbeitende Kunde. Wenn Konsumenten zu unbezahlten Mitarbeitern werden (2. Aufl.). Frankfurt a.M., New York: Campus.

Voß, G. G., Weiss, C. (2005): Subjektivierung von Arbeit - Subjektivierung von Arbeitskraft. In Kurz-Scherf, I., Corell, L., Janczyk, S. (Hrsg.): Arbeit: Zukunft. Münster: Westfälisches Dampfboot, S. 139-155.

Selbstfürsorge

Bettina Daser und Anke Kerschgens

„Und das ist, glaube ich, nicht so ganz einfach mit der Identität übereinander zu kriegen, sozusagen aus dem, ich werde gebraucht, ich mache was Wichtiges, alle gucken auf mich, ich muss jetzt entscheiden, was ich an Beitrag liefere, dahin zu kommen und zu sagen, ich spiele meine Gitarre und es hört vielleicht sogar niemand, aber es ist mir wichtig, oder ich treffe meine Freunde und es ist mir wichtig, ich fahre in Urlaub und erhole mich, das ist mir wichtig, und die Wichtigkeit wird nicht von außen zugeschrieben, sondern die kriege ich aus meinem eigenen Erleben meines Lebens. Und ich finde Arbeit an sich ist nicht unbedingt ein Wert, wenn sie [...], also Tätigkeit ist glaube ich ein Wert, tätig zu sein und etwas Sinnvolles zu tun, das finde ich ist ein hoher Wert und ich glaube auch, dass Menschen es brauchen, aber Erwerbsarbeit, Erwerbsarbeit halte ich für überbewertet und zwar massiv."

Dieses anschauliche Zitat eines Supervisors macht deutlich, was mit Selbstfürsorge gemeint ist: es geht um die individuelle Beziehung von Innenwelt und äußerer Realität und um die potenzielle Abhängigkeit von den Zuschreibungen der Organisation einerseits und der Möglichkeit, dem eigenen Tun selbst Sinn und Wert zuzuschreiben andererseits. Für die Beschäftigten gilt es, wie es dieser Supervisor verdichtet wiedergibt, die Suche nach Anerkennung im beruflichen Bereich, das Gefühl von Gebrauchtwerden und narzisstischem Bedeutungszuwachs im Kontext der Beschleunigung und Verdichtung beruflicher Aufgaben zu reflektieren. Die Reflexion über Sinn und Wert des eigenen Tuns eröffnet die Möglichkeit zu alltagspraktischer Selbstfürsorge, in der Abgrenzung eines Bereiches eigener Sinnzuschreibung das zu tun, was einem wichtig ist, und dadurch fürsorglich für das eigene Selbst zu sein.

Selbstfürsorge als psychosoziale Ressource bekommt in Zeiten gesellschaftlicher Beschleunigung und Individualisierung und insbesondere im Kontext der Veränderungsprozesse in Organisationen eine immer höhere Bedeutung für die Organisationsangehörigen. Während die Notwendigkeit der Selbstfürsorge wächst, werden die Bedingungen, um Selbstfürsorge zu betreiben, jedoch immer mehr eingeschränkt.

Umbruchsprozesse der Arbeitsorganisation

Die fordistisch-tayloristisch geprägte Arbeitsorganisation hat in den meisten Profit- und Non-profit-Organisationen an Bedeutung verloren. Sie sieht feste Strukturen und klar abgegrenzte Verantwortungsbereiche vor, die hierarchisch gegliedert sind und den Beschäftigten aufgrund von direktiver Führung nur wenig Handlungsspielraum und Möglichkeit der Selbstverwirklichung bieten. Zugleich entlasten sie die Beschäftigten jedoch von der Notwendigkeit, den Arbeitsalltag selbst organisieren zu müssen. Zudem können Beschäftigte auf die Fürsorge ihrer Vorgesetzten zählen, die sich dafür verantwortlich fühlen, ihre Mitarbeiter/innen nicht mit einer zu hohen Arbeitslast zu überfordern. Sie geben den von höheren Führungsebenen ausgeübten Druck nur gefiltert an ihre Mitarbeiter/innen weiter. Engagement und Loyalität der Beschäftigten werden gewürdigt, nicht zuletzt durch das Senioritätsprinzip, das lang gedienten Mitarbeiter/innen Anerkennung in Form von steigender Vergütung und altersgerechten Arbeitsbedingungen verspricht. Arbeitskräfte, die sich vorgegebenen Strukturen anpassen und zuverlässig die ihnen zugewiesenen Aufgaben erfüllen, verspricht das „Normalarbeitsverhältnis" biographische Sicherheit.

Seitdem jedoch Prinzipien wie Dezentralisierung und Vermarktlichung Einzug in die Organisationen halten, greifen Steuerungsmechanismen nicht mehr, die auf die detaillierte Kontrolle von Arbeitsprozessen abheben. Sie werden zunehmend durch das Prinzip der Ergebnisorientierung ersetzt, das, wie die befragten Supervisor/innen eindrücklich schildern, eigenverantwortliches Handeln der Beschäftigten ermöglicht, zugleich jedoch die Arbeitsanforderungen erhöht. Denn nun sind Beschäftigte nicht mehr wie im tayloristisch-fordistischen Paradigma gehalten, vorgegebene Aufgaben engagiert und loyal zu erledigen. Im Fokus steht nun der persönliche (kurzfristige) Erfolg im Sinne einer eigenverantwortlichen Zielerreichung. Ziele und die zur Zielerreichung notwendigen Ressourcen sind wiederum Gegenstand von Aushandlungsprozessen. Der Ausgang eines solchen Aushandlungsprozesses ist entscheidend dafür, ob Beschäftigte über Arbeitsbedingungen verfügen, die eine Zielerreichung ermöglichen und tragfähig sind, oder ob sie sie sich selbst überfordern und ausbeuten müssen.

Was ist Selbstfürsorge?
Selbstfürsorge ist ein vielschichtiger Begriff. Er bezieht sich auf eine lebensgeschichtlich angelegte psychische Ressource wie auch auf alltagspraktisches Handeln und ist in hohem Maße geprägt und beeinflusst von gesellschaftlichen und organisationsbezogenen Veränderungsprozessen.

Selbstfürsorge kann zunächst als Notwendigkeit und Möglichkeit bzw. Fähigkeit bestimmt werden, sich um die eigene körperliche und seelische Integrität zu sorgen und zu kümmern und diese somit zu erhalten. Die Fähigkeit zur Selbstfürsorge wurzelt in kindlichen Erfahrungen von Fürsorge, die verinnerlicht wurden und so die Fähigkeit, sich selbst gegenüber fürsorglich zu sein, ermöglichen. Dies ist nicht zu verwechseln mit Egoismus oder Selbstmitleid, sondern beinhaltet vielmehr neben einer reflexiven Haltung sich selbst gegenüber zugleich auch eine Balance der Beziehung zu anderen. Dabei gilt es sowohl Belastungen als auch eigene Ansprüche realistisch einzuschätzen, um einen auch langfristig vertretbaren Lebensentwurf zu entwickeln.

Die Selbstfürsorge ist dabei jedoch nicht unabhängig von äußeren Einflüssen, sondern geprägt durch gesellschaftliche Verhältnisse, die Selbstfürsorge ermöglichen, in besonderer Weise notwendig machen und forcieren oder auch in Frage stellen und verhindern können. So werden im Kontext von Individualisierung und Entsolidarisierung Fürsorge und Sorge um das Selbst immer weniger Aufgaben einer solidarischen Gesellschaft, sondern vielmehr zu einem Anspruch und einer neuen Leistung in der Verantwortung des Einzelnen.

Dies gilt in besonderem Maße auch im Kontext betrieblicher bzw. organisationsbezogener Veränderungsprozesse.

Neue Herausforderungen für Selbstfürsorge

Ressourcen kennen: In einem solchen neuen Aushandlungsprozess einer drohenden Überforderung vorzubeugen gelingt dabei nur denjenigen Beschäftigten, die sowohl die eigene Leistungsfähigkeit als auch die zur Leistungserbringung notwendigen Ressourcen realistisch einschätzen und überzeugend darstellen können. Damit wächst der Anspruch an reflexive Selbstfürsorge, um im Aushandlungsprozess zu hohen Leistungsanforderungen Grenzen setzten zu können und weder den eigenen Ansprüchen noch denen der Führungskräfte oder Kollegen zu erliegen.

Kommunikation und Beziehung: Die neuen Formen der Arbeitsorganisation konfrontieren Beschäftigte zudem mit weiteren und in neuem Ausmaß bestehenden Arbeitsanforderungen. So erfordert die Arbeit im Team ein hohes Maß an kommunikativem Austausch zwischen den Beschäftigten, es besteht ein erhöhter Anspruch an Kommunikations- und Beziehungsfähigkeit. Dies beinhaltet, sowohl den eigenen als auch den fremden Informationsbedarf zu antizipieren und Feedback einzufordern und zu geben. Beschäftigte die davon überfordert sind und denen die flexible Kommunikation nicht gelingt, geraten in die Versuchung, ganz auf kollegiale Unterstützung zu verzichten. Sie vermeiden als aufwändig empfundene Abstimmungsprozesse, indem sie Arbeiten allein erledigen, wodurch sie sich möglicherweise selbst überfordern. Zudem bewirken sie durch ihr Verhalten ungewollt eine erneute und weitere Abnahme von kommunikativem Austausch, da sich nun die Kolleg/innen übergangen fühlen und beginnen, aktiv Informationen zurückzuhalten.

Neben der Arbeit im Team führt eine weitere Veränderung zu erhöhten Kommunikationsanforderungen: Die Zugehörigkeit zu festen Beschäftigungsgruppen erodiert, weshalb die Notwendigkeit besteht, sich in sozialen Netzwerken selbsttätig zu verorten. Dies gelingt nur denjenigen Beschäftigten, die zum aktiven Aufbau und zur Pflege beruflich nützlicher sozialer Beziehungen fähig sind, welche auf Sympathie beruhen können, aber nicht müssen. Die Arbeitslast mit Hilfe kollegialer Unterstützung zu regulieren und aktiv berufliche Beziehungen zu pflegen, setzt demnach ein hohes Maß an Kommunikationsfähigkeit und Beziehungsfähigkeit voraus, weshalb diese Fähigkeiten als Voraussetzung einer gelungenen Selbstfürsorge gelten können.

Selbstwirksamkeit und Selbstwert: Wenn Berufswege und Karrieren immer weniger planbar und berechenbar werden, weil eine langfristige Zugehörigkeit zu einer Organisation oder gar Berufsgruppe an Selbstverständlichkeit verliert, wächst der Anspruch an Selbstfürsorge der Beschäftigten dahingehend, karrierebezogene Enttäuschungen zu antizipieren und das Gefühl von Selbstwirksamkeit und Selbstwert nicht allein an die Erwerbsarbeit und die Leistungen in diesem Bereich zu binden. Denn auch gute Arbeitsleistung wird nicht zwangsläufig mit Aufstieg oder Beschäftigungssicherheit belohnt. Viele Beschäftigte sind mit dieser Herausforderung – Arbeit positiv zu besetzen und gleichzeitig den Selbstwert nicht an sie zu binden – überfordert und reagieren mit Zynismus, um sich vor Demoralisierung oder Depression zu schützen. Dieser belastet jedoch seinerseits Beziehungen im Arbeitsumfeld.

Anpassung an einen Habitus der Beschleunigung: Die Organisationskultur der Beschleunigung steht an sich dem Innehalten, das Selbstfürsorge beinhaltet, entgegen. Um erfolgreich zu sein, müssen sich Organisationsangehörige dieser Kultur anpassen und werden unmerklich in sie einsozialisiert. Beschleunigung und mangelnde Selbstfürsorge werden habituell. Hierzu das Zitat eines Supervisors:

"Die müssen so schnell sein, dass sie die Zeit, um da mal in Ruhe hinzugucken oder sich zu fragen, dass sie sich die nicht nehmen. Und ich glaube, das ist habituell, wenn jemand in dieses Unternehmen reinkommt, der erlebt so eine Kultur, und sozusagen die Rangdynamik schreibt dann vor, der schnellste ist der beste, und wenn man da reinkommt, versucht man, sich dieser Kultur anzupassen und möglichst schnell zu exekutieren. Der Chef ruft an und sagt, ich brauche die Präsentation bis morgen, und der bleibt halt bis abends um acht oder um neun im Büro und macht die Präsentation für morgen fertig, weil ist so gewollt. Wer das macht, ist ein guter Mitarbeiter, ist ein engagierter Mitarbeiter und wird befördert. Und so wird man da, glaube ich, reinsozialisiert und irgendwann ist es, wie gesagt, habituell, also dann fragt man sich nicht mehr, ist es sinnvoll oder gäbe es andere Möglichkeiten. Dafür braucht man so jemanden, der einem mal richtig ausbremst und sagt, holla, dann lass uns mal gucken, was ist denn da eigentlich los und was macht Sinn."

Wie kann Selbstfürsorge gestützt werden?

Handlungs- und Gestaltungsspielräume: Selbstfürsorge kann gestützt werden, wenn es gelingt, Handlungsspielräume zu erleben und zu wahren bzw. aktiv herzustellen. Diese Befreiung von äußerem und innerem Handlungsdruck, die Reflexion erst ermöglicht, erfordert jedoch eine Hinterfragung von vermeintlichen Sachzwängen und den dahinterstehenden Machtverhältnissen. Wenn dies nicht gelingt, übersehen Beschäftigte möglicherweise vorhandene Handlungsspielräume, weil sie im Sinne einer sich selbst erfüllenden Prophezeiung nicht an sie glauben. Die befragten Supervisor/innen weisen dem Hinterfragen von Sachzwängen eine besondere Bedeutung zu: Nur die Führungskräfte, die in der Lage sind, Gestaltungsspielräume zu erkennen, seien ihrer Aufgabe gewachsen. Sie müssten eine eigenständige Position entwickeln und entscheiden, welche Aktivitäten sie für sinnvoll halten und an den Stellen in die Auseinandersetzung gehen, wo Anforderungen an sie herangetragen werden, die ihnen als nicht sinnvoll erscheinen. In den Worten eines Supervisors:

"Nicht zu sagen, okay Chef, du willst, dass ich für zwei Stunden nach New York fliege, mache ich, nee, lass uns gucken, ob das anders geht oder-, weil die zwei Stunden in New York, um mit dem reden zu müssen, irgendjemand, der meint, er ist so wichtig. Also meistens gibt es Alternativen dazu."

Institutionelle Faktoren: Eine eigenständige, Selbstschutz integrierende Haltung zu entwickeln, bedarf gewisser institutioneller Schutzfaktoren. So zeigen die quantitativen Daten der Studie, dass eine hohe Arbeitsintensität nicht zwingend zu psychophysischen Belastungen führt. Das legt den Gedanken nahe, dass Halt gebende Faktoren wie Führung, Kollegialität, Professionalität und gute Arbeitsbedingungen als Moderatorenvariablen fungieren und die Gesundheit beeinträchtigende Wirkung einer hohen Arbeitsintensität begrenzen. Containment, als haltgebende Funktion interpersonaler Beziehungen, so könnte man folgern, bietet Halt und Orientierung und hilft folglich, die Arbeitsfähigkeit von Beschäftigten zu erhalten. Für die Führungskompetenz lässt sich auf Basis der quantitativen Daten konstatieren, dass sie nicht gesunken ist, aber die Zufriedenheit mit ihr. Das lässt die Vermutung zu, dass die Anforderungen gestiegen sind und sich die Erwartungshaltung der Beschäftigten verändert hat. Folglich wäre die Diskrepanz zwischen Können und Sollen gewachsen, obwohl sich Führung nicht verschlechtert hat. Wird Containment allerdings nicht ausreichend von Führungskräften geboten und lässt ihre institutionelle Verankerung in Organisationen nach, so ist anzunehmen, dass es einer vermehrten Sorge der Beschäftigten um sich selbst bedarf. Sie müssen Halt gebende Schutzfaktoren durch eigene Aktivität ergänzen oder gar ersetzen. Andernfalls, so zeigen die quantitativen Ergebnisse, führt eine hohe Arbeitsintensität zu Verunsicherung und Deprimiertheit und wird als psychophysische Belastung erlebt, was auf lange Sicht Gesundheit gefährdend wirken kann.

Selbstfürsorge und Geschlecht

Während einerseits gesellschaftliche und organisationsbezogene Veränderungsprozesse Selbstfürsorge herausfordern, gerät diese auch im Kontext des Wandels des Geschlechterverhältnisses in eine neue Dynamik. In einer arbeitsteiligen Geschlechterordnung erbringen die Haus- und Ehefrauen – weitgehend unabhängig davon, ob sie selbst berufstätig sind – wesentliche Fürsorgeleistungen für die gesamte Familie und damit auch für den Ehemann in der Ernährerposition. Dieser wird somit von einem wesentlichen Teil der Selbstfürsorge entlastet, da die Sorge um die körperliche und seelische Integrität durch die alltagspraktischen und psychosozialen Fürsorgeleistungen der Partnerin zu einem wesentlichen Teil mit erbracht werden. Diese Arbeitsteilung befindet sich in einem grundlegenden Transformationsprozess, in dem Frauen nicht nur ihre Fürsorgeleistungen für Ihre Partner einschränken, sondern im Zuge ihrer eigenen beruflichen Einbindung und Beanspruchung zugleich erwarten, dass ihre Partner neben der stärkeren Selbstfürsorge auch Fürsorge für die gesamte Familie erbringen. Für Männer stellt sich somit die Herausforderung, in stärkerem Maße als vorangegangene Generationen Selbstfürsorge zu betreiben und dabei neben dem Erhalt ihrer Arbeitskraft zugleich auch Ressourcen für Fürsorgeleistungen für andere zu eröffnen. Freiräume für Selbstfürsorge und Fürsorge müssen intrapsychisch wie auch interpersonal und in Organisationen neu ausgehandelt werden. Dies kann zu Konflikten führen. Selbstfürsorge hat für Männer und Frauen zudem im Kontext der geschlechtsspezifischen Sozialisation verschiedene Ausprägungen, die im Kontext der Wandlungsprozesse in Organisationen neue, spezifische Entwicklungsansprüche entstehen lassen. So müssen männliche Beschäftigte lernen sich selbst und anderen gegenüber ein Bedürfnis nach Halt gebenden kollegialen Beziehungen einzugestehen und Entlastung zu suchen, ohne dies als beschämende Schwäche zu erleben. Dies schließt ein, auf die Darstellung und mehr noch die Verkörperung heroischer Belastbarkeit zu verzichten, auch wenn ein heroischer Arbeitseinsatz als Statusmerkmal gehandelt wird. Weibliche Beschäftigte müssen hingegen lernen, sich aggressiver selbst zu behaupten, auch wenn dadurch kollegiale Beziehungen aufs Spiel gesetzt werden. Sie müssen das Gefühl gebraucht zu werden reflektieren, damit es nicht dazu führt, sich übermäßig zu belasten und belasten zu lassen.

Psychosoziale Themen im Kontext von Selbstfürsorge
Organisationen knüpfen an psychische Dispositionen ihrer Beschäftigten an und instrumentalisieren sie, um den Beschäftigten mehr Leistung abzuverlangen, als im Sinne der Gesunderhaltung wünschenswert wäre. Gleichzeitig bringen Beschäftigte auch lebensgeschichtlich entstandene Themen, Ängste und Bedürfnisse in ihr Beschäftigungsverhältnis ein. Beide Wirkfaktoren können sich in einem Gelingen oder Misslingen von Selbstfürsorge von Beschäftigten verknüpfen.

So kann es zu einer Sucht nach äußerer Anerkennung kommen, wenn der Selbstwert nicht ausreichend innerlich verankert werden kann. Dies verknüpft sich nahtlos mit den antizipierten Erwartungshaltungen und Leistungsanforderungen der Organisation und den dafür erwarteten und erhaltenen Gratifikationen. Selbstfürsorge wird zugunsten der beruflichen Anerkennung weitgehend außer Kraft gesetzt. Hierzu ein Supervisor:

„Das sind alles erfahrene Führungskräfte. Die erzählen mir dann, und da kriege ich immer das kalte Grausen, irgendwie von 60 und 70 Stunden Arbeitswochen. Wo ich denke, irgendwie er hat es nicht gescheit auf der Reihe, also wer 70 Stunden arbeiten muss, der macht was falsch. [...] Natürlich fliegen die nach China dreimal in der Woche oder sie werden von den wichtigen Leuten angerufen, aber in jeder Seminarpause hängen die am Handy, gucken ihre Mails und morgens vor dem Seminar und abends nach dem Seminar gehen in die ins Büro und gucken, dass sie irgendwie ihr laufendes Geschäft auf Trab bringen. Und ich glaube, für so was muss man eben ein Junkie sein, das kann mir niemand erzählen, dass das nicht alles Leben ist, also es ist ein Leben reich an Anerkennung und reich in äußerer Bestätigung, aber irgendwie doch hohl."

Der Anspruch und die Praxis permanenter Verfügbarkeit kann gleichzeitig dazu dienen die Angst vor dem Alleinsein zu verdecken. Dabei können die als Dauerkontakt gestalteten betrieblichen Kommunikationsnotwendigkeiten und -möglichkeiten einen Mangel an (privater) Beziehungsfähigkeit und Beziehungsrealität überdecken. Die Beschäftigten geraten in eine innere Abhängigkeit. Auch die Angst vor dem Alleinsein kann ein Motiv sein, die notwendige Selbstfürsorge außer Kraft zu setzen, die als Moment produktiven mit Sich seins in Folge zudem selbst angstbesetzt wird. Damit geht jedoch auch die Möglichkeit zur Selbsterkenntnis und zum Erleben von Handlungsspielräumen verloren. In den Worten eines Supervisors:

„Und wenn man dann mal fragt, warum machen Sie es [sich eine Auszeit nehmen] nicht? Das hat, glaube ich, viel mit Abhängigkeit zu tun. Ich glaube auch nicht, dass die die Stille aushalten würden oder das nicht gebraucht sein. Das hat eine Teilnehmerin mal gesagt, ich habe zwei Woche Kanuferien in Schweden gemacht ganz alleine, meine größte Angst war, [...] dass ich das Alleinsein nicht ertrage. Das ist eine realistische Einschätzung. [...] normalerweise eingespannt mit Telefonaten nachts um zwei und so, weil in Singapur ist grade früh am Morgen, wenn die so eingespannt sind, dann kriegen die das oft nicht mehr hin, mit sich alleine zu sein, und dann wird das ein Selbstläufer eigentlich."

Auf eine ähnliche Motivlage verweist eine Supervisorin:

„Also die leben, glaube ich, in dem Bewusstsein-, oder vielleicht ist es denen so eine Maxime, ich bin, weil ich gebraucht werde, also ich werde gebraucht, darum bin ich, das bedingt sich, glaube ich, wechselseitig. Oder ich bin wichtig, darum habe ich einen sehr hohen Selbstwert. [...] Und so fallen die im Prinzip-, an solchen Stellen fallen die aus solchen Unternehmensnetzwerken raus oder aus Informationsstrukturen raus oder so. Und das ist so, also wenn die Spannung auf einmal nachlässt und dann die Frage auftaucht, ja, was ist denn eigentlich mit mir. An den Fragen arbeiten wir in diesen Führungskräftetrainings häufiger, also solange man in so einem Trott oder-, das ist ja ein hoher-, also wie so Schnellzug, die rasen ja irgendwie quasi, und da braucht man sich nicht fragen, irgendwie ist das, was ich tue, ist das sinnvoll. [...] Und ich glaube, wenn man dann mal neben diesen Schnellzug tritt und sich das anguckt, dann kriegt man eine Menge Zweifel, also macht das eigentlich Sinn. Das ist eine Art sich auszusetzen, die ist nicht so ohne, nicht so leicht. [...] Ich glaube eher, es ist so, dass man sich nicht wirklich fragt, ist das sinnvoll, was ich tue beziehungsweise ist die Art und Weise, wie ich arbeite, sinnvoll."

Es wird deutlich, dass insbesondere dort, wo organisationsbezogene Anforderungen auf ein geschwächtes Selbstwertgefühl treffen, die äußeren, vor allem psychosozialen Gratifikationen in Form von Anerkennung und dem Gefühl gebraucht zu werden, zu einer Bereitschaft zur Überforderung und Selbstausbeutung seitens der Beschäftigten führen. Selbstfürsorge ist in diesem Kontext zudem bedrohlich, weil sie eine Konfrontation mit der inneren Verarmung, dem „hohl" (geworden) sein beinhalten würde, die gleichzeitig die Sicherheit gebende berufliche Beanspruchung in Frage stellt.

Gelingende Selbstfürsorge

Die von uns befragten Supervisor/innen berichten von Fällen, in denen Beschäftigten eine Veränderung hin zu mehr Selbstfürsorge gelingt. Geht es darum überzogene Leistungsansprüche an sich selbst sinnvoll zu begrenzen, so ist es von großer Bedeutung, die Veränderung in kleinen Schritten zu planen um sich mit der Umsetzung des Veränderungswunsches nicht zu überfordern. Hierzu ein Zitat eines Supervisors:

„Also jemand der sagt, ich gestalte mein Hamsterrad um, der schafft es normalerweise nicht, aber jemand, der sagt, ich fange klein an [...] der schafft es, irgendwie eine Strategie zu entwickeln, die wirklich klein anfängt, weil zu einer Führungskraft zu sagen, Sie gehen jetzt-, [...] die kriegt einen Rappel, also das ist so, als wenn Sie dem Alkoholiker die Flasche wegnehmen. Aber jemand, der sagt, okay, ich fange mal an, mir kleine Freiräume zu organisieren und zwar Freiräume, in denen ich Zeit für mich habe zum Nachdenken, oder ich fange an, [...] einen halben Vormittag einmal in der Woche, keine Termine, keine Verpflichtungen zu machen, sondern den freizuhalten, um darüber nachzudenken, was strategisch sinnvoll ist in meiner Abteilung. Solche Leute schaffen das eher, wie die, die sagen, ich mal das alles ganz anders, ich war immer in Hektik und jetzt werde ich Zenmeister, das ist Quark, also das ist eine völlige Überforderung, die verändern nichts."

Zusammenfassend lässt sich festhalten, dass Reflexion helfen kann, die empfundene Unentbehrlichkeit der eigenen Person in Frage stellen und zunächst probehandelnd ohne Effizienzdruck mit Anwesenheitszeiten, Prioritäten und Engagement zu experimentieren. Auf diese Weise kann es gelingen festzustellen, an welchen Punkten die eigenen Ansprüche die fremden übersteigen und Leistungsrücknahmen möglicherweise vom Umfeld nicht als solche wahrgenommen oder sanktioniert werden. Dabei erscheint ein Weg des „klein Anfangens" wirkungsvoller als die Postulierung gravierender Veränderungen ad hoc, die realistisch nicht umsetzbar sind.

Wie einer zu stark ausgeprägten Identifikation mit der Tätigkeit, der Kehrseite von Professionalität, begegnet werden kann, schildert eine Supervisorin sehr anschaulich. Sie erlebt in ihrer Praxis, dass Beschäftigte in manchen Fällen gegen alle Widrigkeiten an Idealen, Wünschen, Träumen oder Projekten, die ihnen am Herzen liegen, festhalten. Dies auch dann, wenn trotz aller Aushandlungsversuche mit Vorgesetzten die notwendigen Rahmenbedingungen nicht gegeben und die psychophysischen Ressourcen bereits erschöpft sind. Diesen Beschäftigten fehlt, so die Supervisorin, die Fähigkeit trauernd Abschied zu nehmen und auf diese Weise ihre Handlungsfähigkeit zurück zu gewinnen. Als positives Beispiel erwähnt sie eine über Bluthochdruck klagende Führungskraft, die sich mit der Erwartungshaltung ihrer Mitarbeiter konfrontiert sieht ein konkretes Projekt zu erhalten, während ihr Vorgesetzter klar signalisiert, dass die finanziellen Mittel erschöpft sind. Mit Hilfe der Supervision erkennt die Führungskraft, dass sie seit ihrer Kindheit eine Neigung dazu hat als Vermittlerin zu agieren, auch dann, wenn die Positionen unvereinbar sind. Sie bürdet sich eine Verantwortung auf, die sie letztlich überfordert. Diese Erkenntnis ermöglicht es der Führungskraft, künftig ihren Standpunkt begründet darzulegen, die Verantwortung jedoch bei denjenigen zu lassen, denen die Entscheidung über Projekte obliegt. In Folge dieser Veränderung hat sich ihr Blutdruck allmählich normalisiert. In einem solchen Fall muss ein traditioneller Auftrag der Supervision, nämlich die Professionalität der Supervisand/innen zu stärken, differenziert werden. Denn er wirkt in den Fällen destruktiv, in denen Professionalität dazu führt, die eigenen Belastungsgrenzen zu missachten. Professionalität kann somit einerseits Selbstfürsorge stärken und ermöglichen, andererseits jedoch als ein überschießendes Ideal einen Rahmen bieten, für eine übermäßige Verantwortungsübernahme und damit Selbstausbeutung.

Instrumentalisierung von Selbstfürsorge
Selbstfürsorge ist als Fähigkeit und psychosoziale Ressource ein grundlegender Teil, nicht nur psychischer Gesundheit, sondern auch eines gelingenden und langfristig tragbaren Lebensentwurfes, der Arbeit und Familie bzw. Privatleben als differente und gleichermaßen wichtige Erfahrungsräume berücksichtigt. Selbstfürsorge wird jedoch dann problematisch, wenn sie instrumentalisiert wird, d.h. wenn ihr im Kontext beschleunigter und deregulierter Arbeitsprozesse lediglich die Rolle zukommt, mit einem Minimum an Aufwand nicht nur die Arbeitskraft zu erhalten, sondern vielmehr Selbstausbeutung aufrecht zu erhalten und zu legitimieren. Genau an diese Logik knüpfen Zeitmanagement-Konzepte an, wenn sie Hinweise für eine intensivere Nutzung von Zeit geben oder zum Schutz der Privatsphäre dazu raten, Termine mit Familie und Freunden wie Geschäftstermine zu behandeln. Äußern Beschäftigte im Bewusstsein ihrer (über-)großen Arbeitslast die Phantasie, drei Monate im Kloster oder einen Sommer auf der Alm zu verbringen, reagieren die von uns befragten Supervisor/innen skeptisch. Denn der Wunsch nach einer Auszeit erscheint ihnen weniger als Selbstfürsorge denn als Demonstration ihrer Belastung als neuartiges Statussymbol das einen narzisstischen Distinktionsgewinn gegenüber den Beschäftigten bietet, die sich nicht als Leistungsträger verstehen. Zudem kann die Vorstellung einer dramatischen Veränderung auch gerade dazu dienen, kleinschrittige und realistische Veränderungsansätze zu vermeiden. Hierzu ein Supervisor:

„Die reden relativ viel über Work-Life-Balance und die reden relativ viel darüber, dass es ihr größter Wunsch ist, mal drei Monate ins Kloster zu gehen, oder dass es ihr größter Wunsch wäre, mal auf einer Alm den Sommer zu verbringen. Dann frage ich immer, ja, was verbinden Sie damit mit so einer Alm oder Kloster? Weil wenn sie es wirklich wollten, könnten die das machen. Aber die haben sich sozusagen so einen selbstgestrickten Zwang organisiert, dass sie eben nicht vier Wochen oder drei Monate auf die Alm gehen können."

Daher erscheinen Selbsterkenntnis und Muße zur Gewinnung von Handlungsspielräumen als unabdingbare Qualitäten von Selbstfürsorge, in deren Kontext Selbstfürsorge auch eine kritische Potenz entfalten kann. Diese Möglichkeit, die eigene (Arbeits-) Realität in einer Organisation mit Distanz betrachten zu können, eröffnet den Weg für konstruktive Veränderungen, auch und gerade dann, wenn diese nur in kleinen Schritten erfolgen. Zu beachten ist zudem, dass Selbstfürsorge als forcierter Anspruch an Subjekte nicht nur ein Resultat zugespitzter Modernisierungsprozesse ist, sondern gleichzeitig durch die Kultur- und Freizeitindustrie gedeutet und hergestellt wird. Dabei verknüpfen vermarktlichte Slogans wie „Zeit für sich nehmen" die wünschenswerte Selbstfürsorge mit Konsumangeboten, wie Wellnesswochenenden, Kosmetika und Erlebniskonstruktionen wie „Shopping". Individualisierung führt somit nicht nur zur gesteigerten Notwendigkeit von Selbstfürsorge, wenn organisationsbezogene oder gesellschaftliche Fürsorge reduziert wird. Sie weckt auch neue Ansprüche des Selbst an Selbstwert und Selbstbestätigung und fortwährende Entwicklung und Erweiterung, in deren Kontext Selbstfürsorge geraten kann.

Resümee und Ausblick

Es wurde deutlich, dass Selbstfürsorge ein Schlüsselmoment im Kontext organisationsbezogener Wandlungsprozesse ist. Sie ist zugleich ein neuer und forcierter Anspruch an das Selbst und eine psychosoziale Fähigkeit, die Handlungs- und Gestaltungsspielräume eröffnen kann. Dabei wird sie durch Umbruchsprozesse der Arbeitsorganisation einerseits notwendiger und andererseits in Frage gestellt, sie kann durch institutionelle Rahmenbedingungen wie auch durch psychosoziale Motivlagen gestützt oder behindert werden. Anhand der plastischen Beispiele der befragten Supervisor/innen wird in besonderem Maße deutlich, welche Herausforderungen sich für Beschäftigte in Hinblick auf Selbstfürsorge stellen und wie diese gelingen kann.

Die Selbstfürsorge soll daher einen expliziten Schwerpunkt der geplanten zweiten Erhebung im Auftrag der DGSV 2010/2011 bilden. Der Fokus auf Selbstfürsorge ermöglicht dabei erstens den Blick auf Ressourcen wie auch auf Abhängigkeiten der Beschäftigten in der Dynamik organisationsbezogenen Wandels, zweitens den Blick auf Arbeit und Leben in Organisationen und drittens den Blick auf die Verwobenheit mit dem Leben außerhalb der Organisationen. Zentral ist daher die Frage nach den verschiedenen möglichen Selbstfürsorge-Strategien und Praxen der Beschäftigten in ihren Organisationen und auch außerhalb, die darüber Aufschluss geben können, welche Grade an Reflexivität möglich und/oder notwendig sind, welche Gestaltungsspielräume Beschäftigte heute eigentlich haben und/oder wahrnehmen und welche Strategien und Handlungsweisen sich kurz-, mittel- oder langfristig als hilfreich und sinnvoll erweisen.

Zum Weiterlesen

Flick, S. (2007): Zur Selbstsorge des unternehmerischen Selbst, in: Psychoanalyse - Texte zur Sozialforschung, 2, 266-282.

Haubl, R., Daser, B. (2008): Leitungscoaching: Fit machen für die Selbstausbeutung?, in: Blättel-

Mink, B., Briken, K., Drinkuth, A., Wassermann, P. (Hrsg.): Beratung als Reflexion. Perspektiven einer kritischen Berufspraxis für Soziolog/inn/en, Berlin: Edition Sigma, S. 137-157.

Kerschgens, A. (2010): Zum widersprüchlichen Wandel des Geschlechterverhältnisses: Arbeitsteilung in Familien, in: Journal für Psychologie, Themenheft „Politische Psychologie heute?", Jg. 18 (2010), Ausgabe 1.

Küchenhoff, J. (1999): Die Fähigkeit zur Selbstfürsorge – die seelischen Voraussetzungen, in: ders. (Hrsg.): Selbstzerstörung und Selbstfürsorge. Gießen: Psychosozial-Verlag, 147-164.

Supervision 2008:
Schlaglichter auf Veränderungen in der Profession

Julian Fritsch

Die qualitative Auswertung der Interviews, die im Rahmen unserer Untersuchung geführt worden sind, fördert nicht nur Erkenntnisse über die weitreichenden Veränderungsprozesse in Organisationen zutage. Der auf arbeitsweltlicher Ebene initiierte Impuls wirkt sich letzten Endes auch auf die Profession Supervision aus – auf ihr Selbstverständnis, ihr Leistungsspektrum und die Arbeitspraxis von Supervisor/innen. Im Folgenden soll diesem Umstand Rechnung getragen werden, indem die Ergebnisse einer inhaltlichen Analyse der Befragungen unter dem Gesichtspunkt von Veränderungen in der Supervision vorgestellt werden.

Die unterschiedliche Spezialisierung der Befragten umfasste ein weites Spektrum an Betätigungsfeldern. Mehrheitlich sind sie im Sozialbereich, in Schulen und Jugendhilfeeinrichtungen, in Gewerkschaften, in der Kirche oder im Gesundheitswesen beheimatet; darüber hinaus kommen auch Supervisior/innen aus dem gewerblichen Sektor zu Wort, tätig etwa bei mittelständischen Unternehmen, PR-Agenturen oder in der Großindustrie.

Supervision im erweiterten Kontext

Die Arbeitswelt der Gegenwart findet sich inmitten einer komplexen und dynamischen Umwelt wieder, deren globale Verschränktheit die Geschwindigkeit von Veränderungsprozessen maßgeblich erhöht. Die beteiligten Akteure – Organisationen und Unternehmen – versuchen, um ihrer Existenzerhaltung willen mit dem stetig beschleunigten Wandel Schritt zu halten; ein Anpassungsdruck resultiert, der als zirkulärer Prozess gedacht werden muss, denn da die Organisationen sich den gegenwärtigen Umständen stetig anpassen, fördern sie die allgemeine Erhöhung des Anpassungsdrucks und geraten dadurch wiederum selbst unter Zugzwang. Die Folgen dieses Kreislaufs strahlen in alle Bereiche des arbeitsweltlichen Umfelds aus und treffen somit letztlich auch auf die Supervision. Fasst man die diesem Umstand zu Grunde liegenden Zusammenhänge holzschnittartig zusammen, so ergibt sich eine folgenreiche Kausalkette: die unter Druck geratenen Unternehmen müssen stetige Korrekturbewegungen ausführen, um den aktuellen Bedingungen gerecht zu werden. Diese verkürzten Zyklen von Umstrukturierung, Neuorientierung und Personalanpassung werden auf der Ebene der Mitarbeiter/innen häufig als eine Bedrängnis erlebt, der sie hilflos ausgeliefert sind, weil sie außerhalb ihrer Gestaltungsmacht liegt. Die unsteten Rahmenbedingungen gehen zu Lasten langfristiger Planungssicherheit und verstärken die beruflichen Ängste auf der Individualebene. So äußert sich die Beschleunigung arbeitsweltlicher Veränderungsprozesse letztlich auf der Ebene des Personals; Supervision ist dann mit den Symptomen einer um sich greifenden

Atmosphäre der Unsicherheit konfrontiert: *„Der Umgang miteinander wird schärfer, die Konkurrenzsituation bis zum einzelnen Arbeitsplatz nimmt zu".*

Ideologischer Umbruch im Sozialsektor

Während kurze Umstrukturierungszyklen besonders im Sektor der Industrie zu verorten sind, berichten Supervisor/innen von einer zunehmenden *„Orientierung an Finanzen"* im sozialen Sektor. Als beispielhaft ist hier der klinische Bereich anzuführen, dessen Mitarbeiter/innen sich im Zuge der Privatisierung zunehmend strikten ökonomischen Optimierungsprozessen ausgesetzt sehen (Stichwort: Qualitätsmanagement). Hinzu tritt das erhöhte Tempo von Innovations- und Veränderungsprozessen, auf das Organisationen nur mit entsprechender Flexibilität reagieren können und welches somit unter anderem die Rückbildung etablierter Strukturelemente innerhalb der Organisation beinhalten kann. Dies kann insofern zum Problem werden, als dass deren Orientierung bietende Funktion für das Personal wegfällt. Der von einem Interviewten geäußerte Befund, die *„Strukturantworten"* seien *„weniger geworden"* verweist in diesem Kontext auf die erhöhte Gefahr von Irritation und Verunsicherung auf Seiten der Belegschaft; einen Hinweis auf die möglichen Folgen verminderter Kontinuität liefert auch die Beobachtung einer Supervisorin, dass unter ihren Klient/innen *„der Wunsch nach Intensität"* in der Supervision zunehme.

Freilich eröffnet sich einer Organisation neuer Bewegungsspielraum durch den Abbau von festen Strukturen und Hierarchien, und sie kann erhöhten Beweglichkeitsansprüchen eher gerecht werden. Doch ein leicht wandelbares formales Gefüge stellt zugleich höhere Anforderungen an die Beschäftigten. Der Wegfall von Orientierungshilfen stellt, sofern er nicht durch entsprechend geschultes Führungspersonal ausgeglichen wird, für die Beschäftigten einen Verlust dar, der letztlich Einfluss auf die Inhalte der Supervision ausübt. Die aktuelle Arbeitswelt lässt sich mithin wie folgt nachzeichnen: in einer Anpassungsbewegungen an die Begebenheiten einer globalisierten Welt unterliegen viele Organisationen einem permanenten Veränderungs- und Innovationszwang. Um auf diesen Umstand reagieren zu können, müssen feste Strukturen abgebaut und die Organisation beweglicher gemacht werden. Da eine Organisation letzten Endes durch ihre Mitarbeiter/innen lebt, kann der erhöhten Notwendigkeit zur Flexibilisierung nur durch die Belegschaft Rechnung getragen werden. Das diesen Prozessen inhärente Konfliktpotenzial umfasst ein weites Spektrum an Problemlagen. Ausgehend von den Inhalten der geführten Interviews kommt dabei den Folgenden zentrale Bedeutung zu: durch unzureichende Kommunikation und Koordination ausgelöste Verantwortungsdiffusion; aus der Unstetigkeit resultierende Rivalitäten um Arbeitsplätze; erhöhte Anforderungen an das Führungspersonal, die kleinere Spielräume und den Druck nach veränderten Strukturen managen müssen; Entfremdung von Arbeitsinhalten auf Grund von Resignation gegenüber den Veränderungsprozessen; und, speziell im sozialen Sektor, vermehrt ethische Konflikte der Beschäftigten in ihrem Verhältnis zu Klient/innen und Patient/innen.

Im Folgenden soll dargestellt werden, inwieweit sich die geschilderten Veränderungsprozesse im Arbeitsalltag von Supervisor/innen darstellen. Der Orientierung halber werden diese in den Dimensionen Ansprüche an Supervision, Inhalte der Supervisionsprozesse und Zukünftige Aufgaben der Supervision zugeordnet.

Status quo: neue Ansprüche an Supervision

Die befragten Supervisor/innen berichten thematisch übereinstimmend davon, dass kurzfristige und lösungszentrierte Maßnahmen vermehrt angefragt werden. Supervision scheint den Ruf eines langwierigen und ausladenden Analyseprozesses zu haben, der in weiten Teilen der Arbeitswelt als zu träge empfunden wird: *„Hier brennt es, wir müssen etwas tun, wir brauchen keine Kulturanalyse, wir brauchen was ganz Konkretes".* Dieses *„ganz Konkrete"* nimmt in der Forderung nach einer spezifischen Strategie zur Problemlösung Gestalt an: *„Auftrag ist, das ist unser Problem und wie kommen wir damit bestmöglich klar".* Wie diese Aussage belegt, besteht ein verstärkter Bedarf nach einer lösungszentrierten, einer auf Effizienz ausgerichteten Supervision. Die von den Supervisand/innen erlebte Arbeitsverdichtung (*„Das zieht sich eigentlich durch jede Anfrage, wir müssen mehr tun in weniger Zeit mit weniger Leuten"*) wird als Anspruch an die Supervision übersetzt. Nicht allen Supervisor/innen ist diese Erwartungshaltung geheuer. Die Mehrheit der Befragten äußert sich entsprechend ihres Selbstverständnisses besorgt und mit wachsender Skepsis gegenüber derartigen Ansprüchen: *„Dass die Zeiten eng sind, also dass man quasi fünf Sitzungen einen Teamkonflikt geradeziehen kann […], also es ist wirklich kaum möglich glaube ich".* Ein Supervisor aus dem Sozialbereich formulierte es am deutlichsten: *„Ich erlebe mich häufig in letzter Zeit so, dass ich die Bedingungen, unter denen ich arbeiten soll, nicht mehr so akzeptiere, wie sie sind".*

Inhalte der Supervisionsprozesse

Anhand der Berichte über die Inhalte von Supervisionen erscheinen Arbeitnehmer/innen gegenwärtig besonders auf Grund der strukturellen Rahmenbedingungen ihres Arbeitsumfelds belastet. Supervision wird dann angefragt, um Gefühlen der Ohnmacht und Hilflosigkeit in Bezug auf unveränderliche Kontextbedingungen entgegenzuwirken und diesen professionell gegenüberzutreten zu können; Supervision soll verloren geglaubte Ressourcen freilegen.

Wenn Kontextbedingungen sich ändern und dieser Wandel die Beschäftigten, gleich in welcher Art und Weise, überfordert, verschiebt sich gleichzeitig auch der Fokus bezüglich der Supervisionsinhalte. Kommt es beispielsweise im Rahmen von Qualitätsmanagement-Prozessen zu Maßnahmen, die nicht oder nur von einem Teil der Belegschaft getragen, falsch kommuniziert oder unklar delegiert werden, können diese als *„Attacken auf die inhaltliche Arbeit"* erfahren werden. Ebenso kann es sich mit Veränderungsprozessen verhalten, die von fachfremden Verantwortungs- und Entscheidungsträgern initiiert worden sind und deshalb, mitunter ungeachtet ihrer konkreten Auswirkungen, von den Mitarbeiter/innen schon im Vorfeld mit Skepsis bedacht werden. Supervisor/innen berichten dann, dass die Reflexion der Beziehung zum Klientel im Zuge dessen im Vergleich mit den unmittelbaren Arbeitsbedingungen in den Hintergrund rückt. Der Blick verschiebt sich auf die Strukturebene, die sich einer direkten Kontrolle durch die Supervisand/innen entzieht. Nicht mehr der Inhalt der Arbeit wird thematisiert und stellt den Beweggrund für Hilfegesuche, sondern die Kontextbedingungen der Arbeit und die damit verbundenen Belastungen. Während es sich bei den Supervisionsthemen früher um Teamkonflikte, den Umgang mit Patient/innen und Konflikte zwischen verschiedenen Berufsgruppen gehandelt hat, so berichtet eine Supervisorin, herrschen heute die Themen Stellenangst, Arbeitspensum und ethische Zweifel vor: „*es geht häufig um diese existenziellen Fragen*".

Entsprechend hoch ist die Anfrage nach Strategien zur emotionalen Entlastung, denn Strukturveränderungen, besonders innerhalb sozialer Organisationen, wirken sich in zweifacher Hinsicht auf die Psyche der Beschäftigten aus. So können Arbeitnehmer/innen Veränderungsmaßnahmen wie Stellenabbau als überfordernd erleben, sei es durch den Verlust liebgewonnener Kolleg/innen oder sei es, weil sich das Arbeitspensum für den Einzelnen erhöht. Darüber hinaus verändert sich das Verhältnis der Beschäftigten zu ihrem Klientel. So kann das Pflegepersonal eines Krankenhauses etwa durch Arbeitszeitverdichtung in ethisch-moralische Konfliktlagen geraten, wenn der Beutreuungsumfang für einzelne Patient/innen subjektiv als unzureichend empfunden wird. Die emotionale Entlastung, besonders von Beschäftigten im Sozialbereich, gilt seit jeher als fester Teil des Aufgabenspektrums der Supervision. Jedoch lassen sich die Ursachen für Belastungssituationen nunmehr auf einer neuen Ebene ausmachen: nicht mehr nur interpersonelle Konflikte bergen Belastungspotenzial für Beschäftigte in sozialen Berufen, sondern auch die von betriebswirtschaftlichen Kalkülen geleiteten Maßnahmen innerhalb der Organisationen im Gesundheits- und Sozialbereich (z. B. Outsourcing).

Neben den Themen der Supervision ändert sich auch ihre auch ihre grundsätzliche Ausrichtung. Im Zuge der Entlastungsthematik konstatiert eine befragte Supervisorin, „*dass die Wünsche nach Lösungsorientierung [...] zunehmen*". Besonders im hierfür untypischen Sozialbereich lassen sich anhand der Untersuchungsergebnisse Bedarfslagen ableiten, die eine neue supervisorische Arbeitsweise (er-)fordern. Von Supervisor/innen werden vermehrt konkrete Handlungsanweisungen erwartet. Diese Erwartungshaltung impliziert jedoch für die Supervision eher untypische Anforderungen, wie etwa das Wissen um Erfolg versprechende Handlungsalternativen: „man möchte auch gerne einen Tipp haben, wofür die Leute auch dankbar sind, was *lange in der Supervisionsszene verpönt war, so was zu machen*".

Supervision sieht sich also zunehmend mit Aufgaben konfrontiert, die nicht ihrem klassischen Aufgabenspektrum entsprechen, was die Frage nach den Ursachen dieser Veränderung aufwirft. Die Spurensuche führt zurück in die Organisation, und für viele der Befragten endet sie auf der Führungsebene. Die Befragten identifizieren ein Defizit an Führungspersönlichkeit als relevantes Merkmal, wenn Struktur verändernde Maßnahmen Irritationen seitens der Belegschaft hervorrufen, deren (Belastungs-) Symptome letztlich in der Supervision behandelt werden. Können strukturell induzierte Problemlagen nicht mehr durch Führung kompensiert werden, wird die Suche nach Orientierung bietenden Handlungsanweisungen in die Supervision verlagert: *„Es wird in der Organisation weniger geklagt, weil in der Organisation weniger gesprochen wird als früher […]. Und da ist Supervision der Platz, wo darüber geklagt wird".* Die Entschärfung organisationsinterner Konfliktlagen kann sich jedoch entscheidend auf das Verhältnis Organisation-Supervision auswirken. Organisationen wären dann in ihrem reibungslosen Ablauf permanent auf Supervision angewiesen; Supervision wiederum sähe sich dem Vorwurf ausgesetzt, dieses Abhängigkeitsverhältnis durch ihr Tun zu befördern und müsste demnach reflektieren, inwieweit ein solches verschränktes Verhältnis mit der Organisation mit ihrem Anspruch und Leistungsspektrum, letztlich ihrem Selbstverständnis, in Einklang zu bringen ist. Alternativ, und dies kommt dem Tenor der Befragten eher entgegen, wäre der verstärkte Einbezug der Führungsebenen in konkrete Supervisionsmaßnahmen zu leisten. Diesbezüglich äußert eine Supervisorin aus dem Bereich Jugendhilfe einen klaren Standpunkt: *„Was ja eigentlich so für mich eine sehr positive Entwicklung ist, also ich plädiere auch vielfach dafür, dass die Leitungskräfte mit reingehen, die oft eine Unsicherheit haben. Ich sage, […] das betrifft Sie nicht nur als Leitung, sondern das betrifft auch Ihre Mitarbeiter, und an dem Punkt können Sie sich gegenseitig unterstützenc.*

Ein letztes, zentrales Veränderungsmerkmal supervisorischer Arbeit ist zugleich die Konsequenz der bislang erörterten Aspekte. Dem Sich-Bewähren innerhalb unsteter Rahmenbedingungen, im Zweifel ohne entsprechenden Rückhalt aus der Führungsebene, korrespondieren erhöhte Ansprüche an Eigeninitiative und Selbstorganisation für einzelne Mitarbeiter/innen. Die daraus resultierende Überforderungsthematik, welche darüber hinaus durch die Doppelbelastung struktureller und klientelbezogener Problemlagen gekennzeichnet sein kann, wird häufig von Spannungen innerhalb der Gesamtbelegschaft geprägt. Explizit wird deshalb von einem der Befragten auf die Häufigkeit *„eskalierter Konflikte"* hingewiesen, deren supervisorische Bearbeitung gewünscht wird.

Arbeitsweise

Im Kontext eskalierter Konfliktlagen nimmt der Faktor Zeit für Supervision eine zentrale Rolle ein, denn dringliche Probleme bedürfen einer schnellen Lösung. In Folge dessen wird Supervision zielgenauer eingesetzt, die Aufträge sind zunehmend spezifischer Natur und die Bedeutung begleitender Reflexion tritt zunehmend in den Hintergrund. Das Verständnis für die erforderliche Prozesshaftigkeit der Supervision im Interesse nachhaltiger Beratungserträge scheint zusehends einer an Kurzfristigkeit und (vermeintlicher) Effizienz orientierten Denkweise zu weichen. Der allgegenwärtige ökonomische Imperativ zwingt viele Supervisor/innen zu Zugeständnissen, die sie als Verrat an ihren Idealen erleben. Denn sie begreifen ihre Profession keinesfalls als eine Krisenfeuerwehr, die sich durch das explizite Aufzeigen von Handlungsalternativen und einen kurzen, effektiven Einsatz auszeichnet. In der Reflexion über ihre Arbeit betonten sie nachdrücklich den Wert langfristiger Supervisionen, die auf den Aufbau von Selbsthilfekompetenzen zielen. Als besonders wichtig erscheint hierbei, vor allem im Lichte der zunehmenden Arbeitsverdichtung, eine notwendige Entschleunigung, die aber immer seltener realisiert werden kann. Als Folge davon, so ein befragter Supervisor eines Universitätsklinikums, habe er *„zu einem sehr strukturierteren und mehr systemischen, sehr ressourcenorientierten, wirklich handlungsorientierten, lösungsorientiertem Vorgehen gefunden"*. Eine ebenfalls im Sozialbereich tätige Supervisorin kommt zu einer ähnlichen Selbsteinschätzung: *„Also ich arbeite auch sehr viel strukturierter als früher"*.

Zukunft

Die Supervision hat ihr Betätigungsfeld längst über den sozialen Sektor hinaus ausgeweitet. Will sie in Unternehmen nachhaltig Fuß fassen, muss sie ihre Einstellung gegenüber Ökonomisierungsprozessen überdenken und an ihrer Selbstdarstellung arbeiten. Kann sich sich damit arrangieren, dass sich *„alle in Richtung auf mehr Effizienz und kürzere Beratungszeiten"* bewegen? So sind junge Supervisor/innen herausgefordert, sich innerhalb einer turbulenten Arbeitswelt zu profilieren. Im Anschluss an die Suche nach einem klar umrissenen Arbeitsfeld müssen sie darüber hinaus eine angemessene Kompetenzdarstellungskompetenz erlangen. Hierbei rücken, als logische Folge erhöhten Konkurrenzdrucks, Marketingaspekte in den Vordergrund: *„Ich hab die tollste Methode, das wird eher belächelt"*, berichtet ein Supervisor, gefragt sei letztlich aber doch *„Persönlichkeit"*.

Fazit

Die Analyse der Interviews kann zeigen, dass sich die Supervision maßgeblichen Veränderungen der Arbeitswelt gegenübergestellt sieht, die ihre Arbeit in Bezug auf Inhalte, Arbeitsweise und Selbstverständnis innerhalb der letzten Jahre stark beeinflusst hat und weiter beeinflussen wird. Ein zentrales Kriterium stellt hierbei die Notwendigkeit dar, die Anpassungsleistung an neue Kontexte in steter Rückversicherung mit dem eigenen Berufsethos zu bewerkstelligen. Im Zuge dessen betonen viele der Befragten den Wert grundlegender Qualitätskriterien, denen sie sich verpflichtet fühlen und über die sie ihre Profession nach wie vor definieren. Supervision ist gegenwärtig vermehrt mit Anfragen konfrontiert, die sich weniger in Richtung einer auf Prophylaxe und begleitende Prozesshaftigkeit ausgelegten Maßnahme orientieren, sondern schnelle Lösungen und klare Ansagen einfordern. Die Forderung nach einem, wie es eine Befragte ausrückte, *„utilitaristisch-reflexiven Zugang"* zur Arbeitswirklichkeit, steht zumindest latent im Raum. Einer solchen Forderung kann auf unterschiedliche Art und Weise begegnet werden, das Reaktionsspektrum reicht von bereitwilliger Akzeptanz bis hin zu strikter Ablehnung und will berufspolitisch wie persönlich sorgfältig reflektiert sein. So ist die unkritische Übernahme der ökonomischen Erwartungshaltung unvereinbar mit gegenwärtig bestehenden Professionsgrundsätzen, wie etwa Prozesshaftigkeit und Hilfe zur Selbsthilfe, was die eigene Identität als Supervisor/in zur Disposition stellt. Wer sich den Anforderungen hingegen verweigert, läuft Gefahr, als rückständig wahrgenommen und zunehmend isoliert zu werden. Ferner mögen es schon finanzielle Gründe dem Gros der Supervisor/innen nicht erlauben, die organisationalen Kontextbedingungen zu ignorieren. Wer heute Supervision anbietet, muss ständig eine Vermittlungsleistung erbringen. In der Supervisiorenrolle treffen arbeitsweltliche Realität und professionelles Ideal konfliktreich aufeinander. Die daraus resultierende notwendige Identitätsarbeit ist eine bleibende psychosoziale Herausforderung.

Autorinnen und Autoren

Nora Alsdorf
Dipl. Soz., Projektkoordinatorin der Studie „Arbeit und Leben in Organisationen" 2011 für das Sigmund Freud-Institut, wissenschaftliche Hilfskraft an der Johann-Wolfgang-Goethe-Universität, Frankfurt am Main. Promotionsvorhaben zum Thema Selbstfürsorge.

Ullrich Beumer
Dipl. Päd., Coach/Supervisor (DGSv) und Organisationsberater, wissenschaftlicher Mitarbeiter am Sigmund-Freud-Institut Frankfurt am Main, Köln. Mitarbeiter der Studie „Arbeit und Leben in Organisationen" 2008/2011.

Bettina Daser
Dr. phil., Dipl. Oec., Coach/Supervisorin (DGSv), wissenschaftliche Mitarbeiterin am Sigmund-Freud-Institut sowie im Fachbereich Gesellschaftswissenschaften der Johann-Wolfgang-Goethe-Universität, Frankfurt am Main. Mitarbeiterin der Studie „Arbeit und Leben in Organisationen" 2008/2011.

Julian Simon Fritsch
studiert im fünften Semester Sozial- und Politikwissenschaften an der Universität Gießen. Seit Sommer 2010 Praktikant im Rahmen der Studie „Arbeit und Leben in Organisationen" 2011.

Saskia Maria Fuchs
studiert Dipl.-Soziologie in Frankfurt/M. & B. Sc. Psychologie in Hagen; Praktikantin am SFI sowie Projektmitarbeiterin der Studie „Arbeit und Leben in Organisationen" 2008/2011.

Christoph Handrich
Master of Arts, zur Zeit wissenschaftlicher Mitarbeiter am Institut für Soziologie an der TU Chemnitz. Mitarbeiter der Studie „Arbeit und Leben in Organisationen" 2011.

Rolf Haubl
Prof. Dr. phil. Dr. rer. pol., Studium der Psychologie / Germanistik in Gießen. Direktor des Sigmund-Freud Instituts Frankfurt am Main und Leiter des Schwerpunktes Psychoanalyse und Gesellschaft, Gruppenlehranalytiker, Supervisor und Organisationsberater (DGSv, DAGG), Professor für Soziologie und psychoanalytische Sozialpsychologie am Fachbereich Gesellschaftswissenschaften der Johann-Wolfgang-Goethe-Universität, Frankfurt am Main.

Anke Kerschgens
Dr. phil., Soz. M.A. wissenschaftliche Mitarbeiterin am Lehrstuhl für Soziologie und Sozialpsychologie mit dem Schwerpunkt Bildungssoziologie der Johann-Wolfgang-Goethe-Universität, Frankfurt am Main. Abgeschlossene Forschung zum Thema Arbeitsteilung in Familien mit Kleinkindern, zu Alltagspraxis, Deutungsmustern und Familienkonstellationen. Mitarbeiterin der Studie „Arbeit und Leben in Organisationen" 2008/2011. Ausgebildete Gruppenanalytikerin (Institut für Gruppenanalyse Heidelberg e.V.), Tätigkeit als Supervisorin.

G. Günter Voß
Prof. Dr. rer. pol., mehrjährige Tätigkeit als Berufsoffizier. Danach Studium der Soziologie, Psychologie und Politikwissenschaft in München. Seit 1994 Professor für Industrie- und Techniksoziologie an der TU Chemnitz. Arbeitsschwerpunkte: Arbeit und Organisation, Beruf und Arbeitskraft, Alltag und Lebensführung, Dienstleistungsarbeit und betriebliche Kundenbeziehungen insbesondere im Web 2.0, Entgrenzung und Subjektivierung von Arbeit und deren psychosoziale Folgen.

Anhang 1

Wiederabdruck der ersten Ergebnisdarstellung zur qualitativen Befragung von Supervisor/innen im Rahmen der Studie „Arbeit und Leben in Organisationen" 2008[1]

Rolf Haubl und G. Günter Voß

Psychosoziale Kosten turbulenter Veränderungen
Arbeit und Leben in Organisationen 2008

Ergebnisse einer qualitativen Befragung von Supervisor/innen zum Innenleben von Organisationen in Deutschland im wirtschaftlichen und nichtwirtschaftlichen Bereich.

In Zusammenarbeit mit Bettina Daser, Frank Kleemann, Ullrich Beumer, Ingo Matuschek und Anke Kerschgens; gefördert durch die Deutsche Gesellschaft für Supervision e.V.

Ziel und Hintergrund der Befragung

Gerade in Zeiten rasanter ökonomischer Umbrüche, neuer betrieblicher Steuerungsmodelle sowie einer ausgebauten Teilprivatisierung im öffentlichen Sektor ist es notwendig, dass Supervisor/innen ihre Erfahrungen in Organisationen reflektieren und ihrem Selbstverständnis als kritische Zeitzeugen entsprechen, indem sie öffentlich Stellung nehmen. Deshalb hat die Deutsche Gesellschaft für Supervision e. V. (DGSv) unter dem Titel „Psychosoziale Kosten turbulenter Veränderungen. Arbeit und Leben in Organisationen 2008" ein Forschungsprojekt initiiert, in dem die spezifischen Einblicke von Supervisor/innen in das Innenleben, um nicht zusagen „Seelenleben" von Organisationen mit den Methoden der qualitativen Sozialforschung systematisiert werden sollen. Der vorliegende Ergebnisbericht ist der Auftakt zu einer auf mehrere Jahre angelegten Verlaufsuntersuchung, mit deren empirischen Daten sich die DGSv in regelmäßigen Abständen zu Wort melden wird.

Im Mittelpunkt des vom Sigmund-Freud-Institut Frankfurt a. M. und der Professur für Industrie- und Techniksoziologie an der Technischen Universität Chemnitz durch-

---

1 Der hier abgedruckte Text erschien zuerst in: Positionen. Beiträge zur Beratung in der Arbeitswelt, Heft 1/2009. Kassel: kassel university press. www.upress.uni-kassel.de. Der Abdruck erfolgt mit freundlicher Genehmigung des Verlages.

geführten Projektes steht die Frage, wie Supervisor/innen auf der Grundlage ihres berufsspezifisch privilegierten Zugangs zu den „Hinterbühnen" von Betrieben, Organisationen und Institutionen die Situation der Beschäftigten beurteilen. Dieser professionelle „Blick hinter die Kulissen" mag Anregung sein, eine breite Diskussion über mögliche Ansatzpunkte für eine verbesserte berufliche Arbeits- und Leistungspolitik in Gang zu bringen.

Historisch neu sind Prozesse der Entgrenzung von Arbeit, die auf Seiten der Arbeitenden mit einer Subjektivierung von Arbeit einhergehen. Es ändert sich die gesamte Betriebsorganisation und das nicht zuletzt in Folge der Möglichkeiten einer vernetzten Produktion, die durch die Informationstechnik bereit gestellt werden. Exemplarisch seien Gruppen- und Projektarbeit, die Einrichtung von Profit-Centern, Heim- und Mobilarbeit sowie generell flexibilisierte Arbeits(zeit)strukturen und Beschäftigungsverhältnisse (Zeitverträge, Leiharbeit, prekäre Beschäftigung, Scheinselbständigkeit) genannt. Zu beobachten sind in diesem Zusammenhang zugleich neue Formen der Steuerung von Arbeit, die von einem rigiden System von Vorgaben und Kontrollen immer mehr zu einer reinen Ergebnissteuerung übergehen, der die persönliche Arbeitsleistung an sich nur wenig bedeutet. Vormals eindeutig definierte Arbeitsaufgaben werden diffuser und Arbeitende sind heute mehr als früher für vielerlei Rahmenbedingungen ihres Arbeitens selbst verantwortlich. Die einst getrennten Sphären von Arbeit und Leben verschwimmen.

Damit zeichnen sich auch Veränderungen der Beruflichkeit ab: Beschäftigte werden zu Unternehmer/innen ihrer eigenen Arbeitskraft. Sie müssen sich selbst organisieren, vermehrt ökonomisch Verantwortung tragen und dabei ihr eigenes Handeln sowie die Entwicklung und Vermarktung ihrer Fähigkeiten selbst kontrollieren. Wohlgemerkt: Diese Veränderungen beinhalten Chancen wie Risiken für die Beschäftigten und haben, je nach Branche und individuellen Ressourcen, langfristige Auswirkungen auf deren Erwerbsorientierung.

Wir haben auf der Grundlage dieser theoretischen Vorüberlegungen themenzentrierte Intensivinterviews und Gruppendiskussionen mit Mitgliedern der DGSv durchgeführt. Gewonnen werden sollen dichte Beschreibungen dessen, was die Supervisor/innen als Expert/innen für Fragen der Arbeitswelt an neuen Anforderungen, Herausforderungen und Entwicklungspfaden bei ihrer jeweiligen Klientel wahrnehmen. Solche Beschreibungen lassen sich auf eine Gesellschaftsanalyse hochrechnen, die darüber Auskunft gibt, wie die Arbeitsgesellschaft im heutigen Deutschland aufgestellt ist. Durch die Sammellinse des supervisorischen Blicks werden generelle Problemlagen einer stark flexibilisierten Arbeitswelt für die Betriebe ebenso deutlich erkennbar wie die individuellen Folgen einer rein auf kurzfristige Ziele orientierten Arbeitsorganisation. Neben den wenigen Gewinner/innen unter den Beschäftigten, werden vor allem die Arbeitnehmer/innen sichtbar, die in Gefahr stehen, den Anschluss zu verlieren und zu den Modernisierungsverlierern zu gehören.

Methodische Anmerkungen

Die dichten Beschreibungen von Arbeit und Leben in Organisationen, wie sie unser Ergebnisbericht hier vorstellt, basieren auf 14 non-direktiv geführten themenzentrierten Einzelinterviews (von ca. 1-3 Stunden Dauer) und zwei Gruppendiskussionen (mit 6 Personen von ca. 2 Stunden Dauer). Die Mitglieder der DGSv, mit denen wir anhand einer Liste offener Fragen gesprochen haben, sind nach ihrer beruflichen Erfahrung und ihrem vermuteten Überblick über die Organisationsentwicklung des letzten Jahrzehnts ausgewählt worden. Es handelt sich also nicht um eine Zufallsstichprobe.

Gefragt wurde im Frühjahr 2008 nach markanten Veränderungsprozessen in Organisationen und deren psychosozialen Folgen für die Organisationsmitglieder auf den verschiedenen Hierarchiestufen. Dabei interessieren vor allem Erzählungen konkreter Einzelfälle und nicht nur generalisierende Äußerungen.

Das gesprochene Wort der Interviews und Diskussionen ist aufgezeichnet, transkribiert und anschließend nach den Regeln einer qualitativen Inhaltsanalyse – also per Abduktion und qualitativer Induktion – ausgewertet worden. Was die Auswertung erfasst, sind exemplarische Deutungsmuster, in denen sich die Erfahrungen der Supervisor/innen niederschlagen. In diese Muster geht immer schon das ein, was sie anderweitig über Veränderungsprozesse und deren psychosoziale Folgen gehört und gelesen haben. Denn Supervisor/innen registrieren nicht einfach, was sie beobachten, sondern versuchen, es auch zu verstehen.

Um das exemplarische Wissen, das wir auf diese Weise generieren, auf seine Repräsentativität hin zu prüfen, wird es in einer anschließenden Untersuchung in einen Fragebogen umgesetzt, den alle Mitglieder der DGSv erhalten. Die Ergebnisse dieser quantifizierenden Untersuchung werden an anderer Stelle veröffentlicht.

Ergebnisse

Was Supervisor/innen über das Leben und Arbeiten in Organisationen festgestellt haben, wird im Folgenden unter den – nicht immer trennscharfen – Kategorien
- Effizienz
- Innovation und Veränderung
- Qualität
- Professionalität
- Führung
- Kollegialität
- Belastung
- Selbstfürsorge

zusammengefasst.
Insgesamt betrachtet ist die Lage nach Aussage der Befragten in den Organisationen, in Non-Profit-Organisationen mehr als in Profit-Organisationen, sehr unterschiedlich. Nur wenige Organisationen unterliegen (noch) keiner Flexibilisierung und Ökonomisierung, ein Großteil befindet sich mitten in turbulenten Veränderungsprozessen,

wenige sind dabei, erneut umzudenken, weil sie die Folgen der Ökonomisierung als negativ bilanzieren. Ob dieser Teil in Zukunft größer werden wird, darüber gibt es sehr unterschiedliche Einschätzungen. Oft liegt Zweckoptimismus vor: Weil es so nicht weitergehen kann, geht es so auch nicht weiter. Häufiger wird angenommen, dass es zu einem Wandel des Sozialcharakters der Beschäftigten kommt, demzufolge die künftigen Generationen, die mit der Flexibilisierung und Ökonomisierung aufwachsen, sie für selbstverständlich halten und hinnehmen werden.

Effizienz

Der Effizienzdruck steigt nach weitgehend übereinstimmender Auffassung über alle Branchen hinweg. Er bietet zwei Seiten: auf der einen, positiven, wird Bürokratie abgebaut; auf der anderen, negativen, ein Innovations- und Veränderungszwang erzeugt, der auf Kosten langfristiger Planungssicherheit geht.

Gerade Leistungsträger haben den steigenden Effizienzdruck zunächst begrüßt, weil sie sich dadurch eine größere Leistungsgerechtigkeit versprachen. Tatsächlich aber ist mit ihrem Einsatz der Effizienzdruck weiter gesteigert worden, so dass nunmehr auch sie, weil sie nicht selten selbst überfordert sind, auf der Strecke bleiben.

Effizienzdruck führt zu einem Verlust an Kreativität, weil sich Kreativität nur in Zeiten und Räumen entfaltet, die von Effizienzdruck entlastet sind. Statt Kreativität wird Standardisierung begünstigt.

Innovation und Veränderung

Das Innovations- und Veränderungstempo nimmt stetig zu. Aber: Wie an der Börse die Aussicht auf kurzfristige (große) Gewinne das Handeln vieler Anleger bestimmt, so versäumen es Organisationen oft, Strategien für stetige (kleine) Gewinne und zukunftsfähige Strukturen zu entwickeln.

Unter Bedingungen der Beschleunigung bleibt immer häufiger keine Zeit herauszufinden, was Beschäftigte besonders gut können, weshalb sie oft den Arbeitsanforderungen nur suboptimal gerecht werden. Sich flexibel zu zeigen und sofort Aufgaben zu übernehmen, die ihnen angeboten werden, signalisiert Leistungsbereitschaft, nicht aber zwangsläufig auch Leistungsfähigkeit. Statt allmählich herauszufinden, ob die richtige Person am richtigen Platz ist, wird eher die Fluktuation der Stellenbesetzungen erhöht.

Langsame Beschäftigte können sich in beschleunigte Veränderungsprozesse nur schwer einbringen, was Kosten verursacht, weil schnelle Beschäftigte nicht unbedingt diejenigen mit den besseren Arbeitsergebnissen sind.

Veränderungsprozesse werden oft abgebrochen und durch neue Veränderungsprozesse ersetzt, ohne dass man die Ergebnisse eines der Prozesse abwartet. Diese Überlagerung von Veränderungsprozessen ist nicht zuletzt eine Folge eines bestimmten Karrieremechanismus: Wer über Veränderungsideen verfügt, steigt auf, und muss seinen Aufstieg mit neuen Veränderungsideen rechtfertigen.

Übersteigt das Innovationstempo die Anpassung der Beschäftigten, neigen sie dazu, lediglich die Rhetorik zu wechseln, um sich selbst zu schützen, was eine ungeschönte Bilanzierung der Erfolge der Veränderungen erschwert. Und sie und ihre Führungskräfte entwickeln die Sehnsucht nach Abkürzungen, was sie anfällig macht, Berater/innen zu glauben, die suggerieren, sie würden über schnelle „Erfolgsrezepte" verfügen.

Die generelle Beschleunigung führt auch zu einer schnelleren Eskalation von Konflikten: der Weg vom Partner zum Gegner und dann zum Feind wird kürzer. Statt bereits die ersten Eskalationsstufen zu thematisieren, werden sie (aktiv) de-thematisiert, um Zeit zu sparen, was aber nur dazu führt, dass sie erst dann thematisiert werden, wenn Vertrauen aufgebraucht ist.

Qualität
Um die Qualität von Arbeitsleistungen zu sichern und zu steigern, werden Beschäftigte zunehmend einer zeitaufwändigen Dokumentations- und Evaluationspflicht unterworfen. Während sich entsprechende Verwaltungsstellen in Organisationen unverhältnismäßig vermehren, kostet es die Beschäftigten unangemessen viel Zeit, dieser Pflicht nachzukommen, so dass sich ihre Arbeitsleistungen verschlechtern. Der permanente Zwang, sich innovativ zu zeigen, geht zunehmend auf Kosten der Arbeits- und Leistungsqualität.

Professionalität
Professionellen fällt es immer schwerer, die nötigen Ressourcen für „gute Arbeit" zu erhalten. Mehr noch: Entprofessionalisierung nimmt zu, zum Beispiel dadurch, dass dieselben Tätigkeiten von weniger qualifizierten, dafür aber billigeren Arbeitskräften ausgeführt werden. Professionelle erleben diese Unterschichtung als kränkend. Entweder ihr Professionsstolz sinkt oder er wird kontrafaktisch stabilisiert, was leicht zu der Situation führt, dass Qualitätsstandards für „gute Arbeit" behauptet und verteidigt werden, die jenseits jeder ökonomischen Bewertung liegen. Entprofessionalisierung ist aber auch für Organisationen ein Risiko, weil gerade nicht standardisierbare Probleme, zumal dann, wenn sie mit einem hohen Handlungsdruck einhergehen, einer professionellen Bearbeitung bedürfen. Andernfalls werden mit den Qualitätsstandards auch Sicherheitsstandards unterschritten.

Vor diesem Hintergrund arbeiten viele realistisch eingestellte Beschäftigte im Bewusstsein, das Wohl derer zu gefährden, die auf ihre Dienste oder Leistungen angewiesen sind. Zu ihren sonstigen Arbeitsbelastungen kommen so noch Schuldgefühle hinzu, unhaltbare Zustände aufrecht zu erhalten, weil man nicht genug oder keinen Widerstand gegen Entprofessionalisierung leistet. Diese Schuldgefühle können lähmend sein und die Bereitschaft, Widerstand zu leisten, weiter senken.

Führung
Führung ist ein anspruchsvolles und komplexes Geschäft geworden. Denn Führungskräfte sind Projektionsflächen für alle mit Veränderungsprozessen einhergehenden

negativen Gefühle, auf die sich aber gleichzeitig die Sehnsucht der Belegschaft richtet, gerecht und fürsorglich behandelt zu werden. Insbesondere Beschäftigte, die ihre Arbeitsrolle als autonome Rollengestaltung interpretieren, lehnen einerseits Führung als unnötig ab, sehnen sich andererseits aber uneingestanden danach, Verantwortung abgeben zu können und Unterstützung zu erhalten. Führungskräfte müssen solche ambivalenten Erwartungen ausbalancieren. Von denen, die dadurch überfordert werden, neigen nicht wenige dazu, sich zurückzuziehen, was von den Beschäftigten als Führungsvakuum erlebt wird. Manche Beschäftigte suchen dieses Vakuum für eigene Vorteile auszunutzen, die Mehrheit reagiert eher ängstlich desorientiert. Mit der Verantwortungsdiffusion beginnt ein Prozess der Verwahrlosung auf beiden Seiten.

Von guter Führung wird heutzutage weniger Regelsetzung als Zielsetzung und Unterstützung erwartet. Deren Erfolg hängt nicht zuletzt von der faktischen Gestaltungsmacht ab, die Führungskräfte habe Diese Gestaltungsmacht ist aber nicht immer gegeben. Wenn zum Beispiel Unternehmen im schnellen Wechsel umstrukturiert und/oder verkauft werden, entsteht unter den Beschäftigten leicht der Eindruck, dass die Führungskräfte kaum mehr Macht haben als sie selbst. Auch diese Erfahrung ängstigt die Beschäftigten, selbst wenn sie über solche Führungskräfte spotten.

Berichte von kompetenter Führung sind selten. Eher wird von Führungskräften berichtet, die unzugänglich und unzulänglich sind, weil es ihnen an entsprechenden kommunikativen Kompetenzen und Mut zu wirklich kooperativer Führung mangelt. In vielen Fällen entsteht der Eindruck, die Führungsposition sei an eine ungeeignete Person vergeben worden. Insbesondere für Non-Profit-Organisationen gilt: Früher sind die besten Fachleute in Führungspositionen aufgestiegen, ohne etwas von Management zu verstehen. Heute werden die Positionen von Managern besetzt, die vermeintlich profitable Veränderungen durchsetzen, weil sie kein Verständnis für die Qualitätsstandards „guter Arbeit" haben und deshalb auch nicht beurteilen können, welche Ressourcen zu deren Erfüllung unentbehrlich sind.

Kollegialität

Insgesamt überwiegen Berichte von einer fortschreitenden Entsolidarisierung, die bis zu Mobbing führen kann. Von Fällen, in denen sich Beschäftigte gemeinsam und einvernehmlich für bessere Arbeitsbedingungen einsetzen, wird selten berichtet. Oft ist die Belegschaft in Gruppen gespalten, die sich wechselseitig das Leben schwer machen. So werden zum Beispiel aus Gründen der Statussicherung junge Beschäftigte von alten Beschäftigten nur unzureichend eingearbeitet. Im Gegenzug versuchen junge Beschäftigte, sich durch die Entwertung der Traditionsbestände der alten Beschäftigten zu profilieren.

Da es immer mehr Beschäftigte mit befristeten Arbeitsverträgen oder auch ungeschützter bzw. prekärer Beschäftigungsform gibt, werden Beschäftigte mit unbefristeten Verträgen auf stabilen Vollzeitstellen beneidet. Gleichzeitig erwarten die Kolleg/innen von ihnen, dass sie mehr Verantwortung übernehmen, einschließlich der größeren Bereitschaft, sich für bessere Arbeitsbedingungen einzusetzen. Von dieser meist unausgesprochenen Erwartung fühlen sich die unbefristet Beschäftigten in der Regel überfordert. Ihrerseits neigen sie dazu, Konflikte mit Kolleg/innen, die nur ungeschützt beschäftigt sind, vor allem wenn sie Arbeitsverträge mit einer kurzen Laufzeit haben, nicht auszutragen, sondern auszusitzen.

Im Bewusstsein knapper Karrierechancen werden Kolleg/innen, die den eigenen Karrierezielen nicht länger nützen, nur mehr halbherzig unterstützt.

Falls zu wenige Beschäftigte die notwendigen Arbeitsleistungen erbringen müssen, steigt die Bedeutung eines/r jeden einzelnen Beschäftigten. Als Folge davon nimmt die wechselseitige Kontrolle zu, damit keine/r einen Vorteil hat. Beschäftigte mit der Angst, benachteiligt zu werden, neigen dazu, Kolleg/innen unter Verdacht zu nehmen, sich Vorteile verschaffen zu wollen oder dies bereits heimlich zu tun. Vertrauen geht in Misstrauen über, die Leistung der Beschäftigten sinkt.

Belastung

Die Arbeitsintensität hat in den meisten Organisationen erheblich zugenommen: Arbeitsprozesse werden verdichtet und beschleunigt, Nischen beseitigt. Für manche Beschäftigte ist diese Intensivierung eine Quelle der Arbeitsmotivation, für die meisten aber eine Quelle von Belastungen, die sie über kurz oder lang nicht mehr bewältigen. Besteht die betriebliche Erwartung an die Beschäftigten, jederzeit an die eigenen Grenzen der Arbeitskraft zu gehen, dann steht die physische und vor allem die psychische Gesundheit auf dem Spiel, besonders dann, wenn Arbeiten zu leisten sind, für die ihnen keine entlastenden Routinen zur Verfügung stehen. Die steigende Arbeitsintensität macht krank oder führt zu einer inneren Kündigung, die aber letztlich auch nicht der Gesunderhaltung dient.

Nicht mithalten zu können, ist für die meisten Beschäftigten tief beschämend. Ihre Schamgefühle führen dazu, dass nicht offen miteinander über die eigene Belastung oder gar Überlastung gesprochen wird. Dadurch kommt es zu einem Betriebsklima kommunikativer Isolierung, die eine Solidarisierung der Beschäftigten oder gar eine Politisierung ihrer Arbeitsbedingungen erschwert. Oft entsteht gerade dann ein Teufelskreis, wenn eine unausgesprochene Solidarisierung erfolgt: Dann versuchen robustere Beschäftigte, ihre belasteten oder überlasteten Kolleg/innen durch eigene Mehrarbeit zu entlasten, bis sie selbst an ihre Grenzen stoßen und resignieren. In manchen Organisationen entwickelt sich daraufhin eine Kultur des Klagens wegen anhaltender Überforderung. Dieses Klagen ist keine angemessene Auseinandersetzung mit dem Problem, sondern dessen Ritualisierung, die es eher aufrecht erhält. Und es lädt manche Beschäftigte zu vorauseilendem Klagen ein, mit dem sie versuchen, einer tatsächlichen Überlastung durch Einforderung einer Schonhaltung – auf Kosten von Kolleg/innen – zu entgehen.

Neue Steuerungsinstrumente wie Zielvereinbarungen und Leistungszulagen, bei denen es Beschäftigten frei gestellt ist, wie die vereinbarten Ziele erreicht werden, führen besonders bei Leistungsträgern zu einer Intensivierung ihres Arbeitseinsatzes.

Haben sie aber mehrfach die Erfahrung gemacht, dass dies missbraucht wird, um sie unter Druck zu setzen, beginnt ein systematisches Unterlaufen der Vereinbarungsmechanismen – nicht selten in stillem Einvernehmen von Betroffenen und Führungskräften. Haben Führungskräfte traditionell darauf zu achten, dass die Beschäftigten keinen Raubbau an ihrer Arbeitskraft betreiben, so ziehen sie sich zunehmend aus dieser Fürsorgepflicht zurück, auch deshalb, weil sie oftmals selbst keine Grenzen für ihre Selbstausbeutung kennen oder achten.

Immer mehr Arbeitnehmer/innen sind auf zwei halben Stellen an verschiedenen, nicht selten an weit voneinander entfernten Orten beschäftigt. Da faktisch jede halbe Stelle aber mehr Arbeit macht, als es der formale Arbeitsvertrag verlangt, nehmen konfliktträchtige Koordinationsprobleme zwischen den Arbeitsstellen zu, von denen die meisten auf eine Verlängerung der täglichen und wöchentlichen Arbeitszeit hinauslaufen.

Steigende Arbeitszeit und Arbeitsintensität belastet nicht zuletzt die Work-Life-Balance, was immer auch auf Kosten der Familien geht. Väter und immer mehr berufstätige Mütter, die das Haus verlassen, bevor ihre Kinder aufstehen, und nach deren Schlafengehen von der Arbeit nach Hause kommen, sind ein zunehmender Tatbestand, der familiäre Beziehungen verarmen lässt. Fühlen sich diese Eltern an ihren Arbeitsstellen nicht hinreichend wertgeschätzt, weil sie sich nicht sicher sein können, wie lange ihre Qualifikationen noch gebraucht werden, verschärft sich das Problem, vor allem für diejenigen, die ihren Beruf als Identität stiftend erleben. In ihrem beruflichen Status erschüttert, verlieren sie leicht an familiärer Autorität. Unbemerkt geben sie ihre Beschämungsängste weiter. Oder sie suchen ihr Heil bei Partnern und Kindern, was deren Kompensationskapazität für die Demoralisierung ihrer Ernährer angreift.

Selbstfürsorge

Es nehmen Arbeiten zu, deren erfolgreiche Erledigung eine flexible Abstimmung der Beschäftigten über berufliche Grenzen hinweg verlangt. Unter diesen Bedingungen reicht es nicht aus, auf Rückmeldungen zu warten, vielmehr müssen diese kontinuierlich eingefordert werden. Dazu sind die Fähigkeit und Bereitschaft erforderlich, den eigenen Informationsbedarf zu kommunizieren und den Informationsbedarf der anderen zu antizipieren. Beschäftigte, denen es daran mangelt, neigen dazu, solche Arbeiten alleine zu erledigen, was ihre Belastung erhöht, nicht zuletzt dadurch, dass sich die anderen übergangen fühlen und gekränkt reagieren, was dazu führen kann, nötige Informationen aktiv zurückzuhalten.

Werden Zielvereinbarungen geschlossen, setzt dies eine hohe Selbsterkenntnis voraus: Nur diejenigen Beschäftigten, die genau wissen, welche Ressourcen sie für bestimmte Leistungen benötigen, und überzeugend darstellen können, dass der Organisation ansonsten Gewinne entgehen, können mit realistischen Vereinbarungen rechnen.

Selbstfürsorge hat einen geschlechtsspezifischen Aspekt: Männliche Beschäftigte müssen lernen, sich selbst und anderen gegenüber ein Bedürfnis nach Halt gebenden kollegialen Beziehungen einzugestehen und gegebenenfalls rechtzeitig Entlastung zu suchen, ohne dies als beschämende Schwäche zu erleben. Das schließt ein, auf die Darstellung und mehr noch auf die Verkörperung unbegrenzter Belastbarkeit zu verzichten, auch wenn ein heroischer Arbeitseinsatz als Statusmerkmal gehandelt wird. Weibliche Beschäftigte müssen lernen, sich aggressiver selbst zu behaupten, auch wenn sie damit kollegiale Beziehungen aufs Spiel setzen. Denn sie neigen dazu, um des Gefühls willen, von anderen gebraucht zu werden, sich von diesen belasten zu lassen.

Gerade Leistungsträger müssen lernen, ihren Arbeitseinsatz aus Gründen eines psychosomatischen Selbstschutzes zu dosieren. Das schließt ein, ihr Selbstwertgefühl nicht an die Karriere zu binden. Vielmehr ist Enttäuschungsprophylaxe angesagt: So werden auch alle erfolgreichen Anstrengungen, „gute Arbeit" zu leisten, nicht zwangsläufig durch Aufstieg oder auch nur Kündigungsschutz belohnt, was das Gefühl der Selbstwirksamkeit und darüber vermittelt das Selbstwertgefühl zersetzt. Um sich in solchen Fällen vor Demoralisierung oder gar Depression zu schützen, entwickeln immer mehr Beschäftigte einen zynischen Habitus. Dieser Zynismus bietet längerfristig aber nur unzureichend Schutz, denn er belastet sowohl die kollegialen Beziehungen als auch die Beziehungen zu Klienten, Kunden und zur eigenen Familie.

Unter den Bedingungen der Zunahme projektförmiger Arbeit ebenso wie unter den Bedingungen unsicherer Arbeitsplätze wird der Aufbau und die Pflege inner- und überbetrieblicher sozialer Netzwerke zu einer Schlüsselqualifikation der Beschäftigten. Die Zugehörigkeit zu solchen Netzwerken mit ihren schwachen kollegialen Bindungen erscheint wichtiger als die Zugehörigkeit zu traditionellen Beschäftigtengruppen mit starken kollegialen Bindungen wie z. B. Professionen.

Entlastungsmöglichkeiten tun sich auf, wenn es den Beschäftigten – gleiches gilt für Führungskräfte – gelingt, Handlungsspielräume zu finden oder herzustellen, in denen der Effizienzdruck sanktionsfrei vermindert ist. Dazu müssen sie allerdings vermeintliche Sachzwänge als Verdinglichung kontingenter Machtverhältnisse durchschauen. Andernfalls übersehen sie bestehende Spielräume, weil sie im Sinne einer sich selbst erfüllenden Prophezeiung nicht daran glauben, dass es welche gibt.

Fazit

Die befragten Supervisor/innen sind sich darin einig, dass sich zunehmend mehr Beschäftigte einer beschleunigten Dynamisierung und Ausdünnung von Orientierung gebenden Strukturen ausgesetzt erleben. Was den Beschäftigten als „Freiheit" versprochen wird, erweist sich bei genauerem Hinsehen als höchst ambivalente Selbstverantwortlichkeit. Bei allen Unterschieden im Einzelnen entwerfen die Supervisor/innen doch ein bemerkenswert ähnliches Bild einer tief greifenden Krise:

Sie stellen vor allem heraus, dass der Druck sachlich, vor allem aber ökonomisch ununterbrochen hoch *effizient* sein zu müssen, weithin erheblich zunimmt und die psychophysischen Kräfte vieler Beschäftigter verschleißt. Insbesondere ist es die Anforderung, kontinuierlich *innovativ* sein zu müssen, die schnell überfordert. Unter diesen Bedingungen entstehen nur selten nachhaltige Problemlösungen. Oft sind im Gegenteil die *Qualität* und *Professionalität* der Arbeit gefährdet, was sich nicht wenige Beschäftigte als eigenes Versagen zuschreiben.

Auffällig ist, dass angesichts des ständigen Wandels ein drängender Bedarf nach verantwortlicher und unterstützender *Führung* besteht, betriebliche Vorgesetzte sich dem aber oft nicht gewachsen zeigen. Sie verstehen sich primär als hart drängende Change-Agents, die den auf sie einwirkenden ökonomischen Druck nach unten weitergeben und ihre Mitarbeiter/innen mit den Folgen weitgehend allein lassen.

Dass unter all dem *Kollegialität* leidet und die Einzelnen in ganz neuer Quantität und Qualität ihre Arbeit als erschöpfende *Belastung* erleben, wundert daher nicht. Die Beschäftigten stehen vor der Aufgabe, aktiv *Selbstfürsorge* zu betreiben, womit aber nicht wenige von ihnen überfordert zu sein scheinen. Nicht zuletzt ist es das Verhältnis von Berufstätigkeit und Privatsphäre, das in Mitleidenschaft gezogen wird. Die modische Rede von der Work-Life-Balance zeigt das Problem zwar an, trägt aber kaum etwas zu seiner Lösung bei.

Ausblick

Uns ist sehr bewusst, dass wir mit unserem Feldzugang nur einen begrenzten Einblick in die aktuelle Wirklichkeit von Organisationen in Deutschland gewonnen haben. Dieser ist zudem durch die Wahrnehmung der Supervisor/innen gefiltert, die in Organisationen oft ja gerade die Funktion haben mitzuhelfen, bestehende Probleme aufzuspüren, zu benennen und zu bearbeiten – ganz abgesehen davon, dass sie selber Teil des Geschehens sind, also von den Veränderungen und den daraus entstehenden Belastungen nicht unberührt bleiben. Man könnte einwenden, sie seien in ihrem Urteil voreingenommen, weil einseitig auf Probleme fixiert. In unseren Augen trifft das Gegenteil zu: Sicherlich sind die Befragten besonders sensibel, was konflikt- und krisenhafte Konstellationen im Zusammenwirken von organisationsstrukturellen, gruppendynamischen und individualpsychologischen Faktoren betrifft, von denen sie sehr differenziert berichten. Mag das Bild, das sie übereinstimmend entwerfen, auch von einer professionellen Besorgtheit geprägt sein, so ist diese Besorgtheit doch gut begründet. Drastische Verhältnisse verlangen drastische Beschreibungen. Die Befragten artikulieren aufgrund ihres durch breite Erfahrung geschärften beruflichen Sensoriums ungeschminkt, was Organisationsmitglieder aller Hierarchiestufen zumindest öffentlich kaum zu artikulieren wagen; ja, was den Organisationsmitgliedern vielleicht noch nicht einmal selbst hinreichend bewusst ist. Damit bringen sie eine Seite von Organisationen in Deutschland zum Vorschein, die hinter den Hochglanzbildern betrieblicher Erfolgsmeldungen nur allzu oft verborgen bleibt und deshalb auch nicht in das öffentliche Bewusstsein gelangt.

Möglicherweise ist unsere Situationsbeschreibung jedoch schon wieder überholt. Die derzeitige Wirtschaftskrise wird vieles in der Arbeits- und Unternehmenswelt noch schwieriger machen als bisher. Sie bietet aber auch die ungewöhnliche Gelegenheit, die negativen Folgen des erstaunlichen Reorganisations- und Ökonomisierungshypes der letzten Jahre klarer wahrzunehmen und ehrlicher zu bilanzieren. Schon jetzt wird erkennbar, dass sich in der Unternehmenswelt über einen großen Zeitraum eine Art „Blase" massiven ökonomischen und organisatorischen Drucks gebildet hatte, die zunehmend gravierende latente Risiken und nicht selten auch schon manifeste Kosten erzeugte, deren Wahrnehmung aber weithin tabuisiert wurde. Die Parallele zur „Finanzblase", die gerade mit großem Getöse geplatzt ist und höchst unangenehme Wahrheiten enthüllt, lässt sich nicht übersehen.

Werden die unangenehmen Wahrheiten über den herrschenden Ökonomismus in Deutschland, aber auch international, nicht wieder schön geredet oder gar verdrängt, muss es von nun an darum gehen, energischer als bisher nach der Nachhaltigkeit von Veränderungen zu fragen – nachhaltig für die betroffenen Menschen, seien es Beschäftigte oder Kunden, für die Unternehmen und nicht zuletzt für die moderne Gesellschaft mit ihrem dominanten Wirtschaftssystem. Die professionelle Sicht und das reiche Erfahrungswissen von Supervisor/innen können in dieser kollektiven wie individuellen Selbstreflexion von großem Nutzen sein. Indem sie sich über unsere Befragung vermittelt kritisch zu Wort melden, nehmen sie eine gesellschaftliche Verantwortung wahr, die ein konstitutiver Teil ihres Berufsbildes ist.

Anhang 2

Fragebogen

Umfrage "Arbeit und Leben in Organisationen"

Fragebogen

Als Supervisor/in, Berater/in oder Coach haben Sie einen ganz spezifischen Einblick in Organisationen. Im Folgenden möchten wir Sie darüber befragen, wie Sie auf der Grundlage Ihrer eigenen beratenden Tätigkeit verschiedene Aussagen zur Arbeitsorganisation, zu den sozialen Beziehungen und dem Arbeitsalltag in Organisationen beurteilen. Bitte treffen Sie Ihre Einschätzungen allein auf der Grundlage Ihrer eigenen Erfahrung mit und in Organisationen.
Bitte kreuzen Sie zu jeder Aussage eine Antwortkategorie an. Wenn Sie zu einer Aussage keine Angaben machen können, weil etwa dieser Aspekt bei Ihrer Tätigkeit nicht auftritt, dann kreuzen Sie bitte "kann ich nicht einschätzen" an.

Seit wie vielen Jahren sind Sie als Berater/in tätig? ☐

Supervisoren sind in unterschiedlichen Bereichen tätig und arbeiten in vielfältigen Beschäftigungsverhältnissen. Wie sieht das bei Ihnen aus? Sind Sie tätig...

☐ als Selbständige/r ☐ als Angestellte/r

→ Wenn beides zutrifft:
Zu welchem Anteil ihrer Arbeitszeit arbeiten Sie als Selbständige/r? ☐ %

Zu welchem Anteil Ihrer Arbeitszeit (einschließlich aller Nebentätigkeiten) sind Sie als Berater/in tätig?
☐ %

In welcher Art von Organisation sind Sie vorwiegend als Berater/in tätig? *(Branche, Tätigkeitsfeld)*

_____

Zu welchem Anteil arbeiten Sie als Berater/in in dieser Art Organisation? ☐ %

In welchen Arten von Organisationen sind Sie weiterhin als Berater/in tätig? Bitte jeweils mit Anteil in %.

```
[                                    ]
```

In welchen Bereichen sind Sie beratend tätig?
Bitte markieren Sie den Anteil durch einen Strich auf dem Balken.

|————————————————————————————|
Non-Profit   gleichermaßen   Profit

In Organisationen welcher Größe sind Sie als Berater/in überwiegend tätig?

☐ klein (bis 20 Beschäftigte)   ☐ mittel (bis 50 Beschäftigte)   ☐ groß (bis 200 Beschäftigte)   ☐ sehr groß (über 200 Beschäftigte)

Welches Geschlecht haben Sie?   ☐ weiblich   ☐ männlich

In welchem Jahr sind Sie geboren?   19___

Bitte beurteilen Sie auf der Grundlage Ihrer eigenen Erfahrungen als Berater/in in Organisationen die folgenden Aussagen:

Aussage	stimme voll und ganz zu	stimme eher zu	teils teils	stimme eher nicht zu	stimme ganz und gar nicht zu	kann ich nicht einschätzen
Veränderungen erfolgen in Organisationen in immer kürzeren Abständen.	☐	☐	☐	☐	☐	☐
Die Beschäftigten erhalten genug Zeit, um sich an Veränderungsprozesse anzupassen.	☐	☐	☐	☐	☐	☐
Betriebs- und Personalräte verfügen über ausreichende Gestaltungsmacht, um Arbeitsprozesse im Interesse der Beschäftigten zu prägen.	☐	☐	☐	☐	☐	☐
Ökonomische Zwänge dominieren das Handeln in Organisationen.	☐	☐	☐	☐	☐	☐
Selbständiges Arbeiten wird durch rigide Kontrollen behindert.	☐	☐	☐	☐	☐	☐
Die Arbeitsabläufe in Organisationen sind in der Regel effizient organisiert.	☐	☐	☐	☐	☐	☐
In den Organisationen gibt es hinreichend Spielraum für kreative Problemlösungen.	☐	☐	☐	☐	☐	☐
Veränderungsprozesse orientieren sich überwiegend an kurzfristigem ökonomischem Erfolg.	☐	☐	☐	☐	☐	☐
Die berufliche Weiterentwicklung von Beschäftigten wird von den Organisationen angemessen gefördert.	☐	☐	☐	☐	☐	☐
Die Beschäftigten können eigene professionelle Standards in ihrer Arbeit wahren.	☐	☐	☐	☐	☐	☐
Für die Organisationsmitglieder ist es wichtiger, Kompetenz darzustellen, als wirklich kompetent zu sein.	☐	☐	☐	☐	☐	☐
Das Betriebsklima in Organisationen ist gut.	☐	☐	☐	☐	☐	☐
Führungskräfte bieten den Beschäftigten nicht ausreichend Halt und Orientierung.	☐	☐	☐	☐	☐	☐
Die soziale Anerkennung unter Kollegen ist hoch.	☐	☐	☐	☐	☐	☐
Hilfe suchende Beschäftigte können auf kollegiale Unterstützung bauen.	☐	☐	☐	☐	☐	☐
Die Beziehung zwischen befristet und unbefristet Beschäftigten ist kollegial.	☐	☐	☐	☐	☐	☐
Vorgesetzte und Mitarbeiter respektieren einander.	☐	☐	☐	☐	☐	☐
Langfristige Karriereplanungen sind in den Organisationen gut möglich.	☐	☐	☐	☐	☐	☐
Für die Leistungsträger in den Organisationen ist Überarbeitung ein Statussymbol.	☐	☐	☐	☐	☐	☐
Berufliche Misserfolge werden als eigenes Versagen erlebt.	☐	☐	☐	☐	☐	☐
In den Organisationen besteht Leistungsgerechtigkeit.	☐	☐	☐	☐	☐	☐
Die Arbeitsintensität in den Organisationen ist hoch.	☐	☐	☐	☐	☐	☐
Dauerhafter Leistungsdruck beeinträchtigt das Privatleben der Organisationsmitglieder.	☐	☐	☐	☐	☐	☐
Konflikte zwischen Organisationsmitgliedern beeinträchtigen deren Privatleben.	☐	☐	☐	☐	☐	☐
Regelmäßige Überstunden beeinträchtigen das Privatleben der Organisationsmitglieder.	☐	☐	☐	☐	☐	☐

Bitte geben Sie für die folgenden Aussagen jeweils an, in welcher Häufigkeit die beschriebenen Phänomene in Organisationen anzutreffen sind. Beziehen Sie sich wieder auf Ihre eigenen Erfahrungen.

	so gut wie immer	oft	etwa zur Hälfte	selten	so gut wie nie	kann ich nicht einschätzen
Beschäftigte erleben Veränderungen in Organisationen als Verbesserung ihrer Möglichkeiten, gute Arbeit zu leisten.	☐	☐	☐	☐	☐	☐
Die Bereitschaft der Beschäftigten zu regelmäßiger Mehrarbeit wird auch auf unteren Ebenen vorausgesetzt.	☐	☐	☐	☐	☐	☐
Vorhandene Handlungsspielräume im Verlauf von Veränderungsprozessen werden von Organisationsmitgliedern nicht erkannt.	☐	☐	☐	☐	☐	☐
Beschäftigte stehen unter dauerhaftem Leistungsdruck.	☐	☐	☐	☐	☐	☐
Beschäftigten werden bei der Zuweisung von Aufgaben, auch die dafür erforderlichen Ressourcen bereitgestellt.	☐	☐	☐	☐	☐	☐
Beschäftigte und Führungskräfte leiden unter Burn-Out-Phänomenen.	☐	☐	☐	☐	☐	☐
Organisationsmitgliedern werden auch solche Aufgaben zugewiesen, für die sie nicht beruflich qualifiziert sind.	☐	☐	☐	☐	☐	☐
Die Beschäftigten wagen nicht offen auszusprechen, was sie denken und fühlen.	☐	☐	☐	☐	☐	☐
Unter den Beschäftigten gibt es offene Feindseligkeiten.	☐	☐	☐	☐	☐	☐
Die Beschäftigten machen die Erfahrung, dass ihre Arbeitsleistungen in der Organisation angemessen anerkannt werden.	☐	☐	☐	☐	☐	☐

Im Folgenden interessiert uns der ungefähre Anteil der Organisationsmitglieder ("Beschäftigte" jeweils ohne Führungskräfte), auf die der jeweilige Aspekt zutrifft:
Bitte geben Sie auf Grundlage Ihrer eigenen Erfahrung an, *wieviele* ...

	so gut wie alle	die Mehrheit	etwa die Hälfte	die Minderheit	so gut wie niemand	kann ich nicht einschätzen
der Beschäftigten Veränderungsprozesse für sachlich begründet halten.	☐	☐	☐	☐	☐	☐
der Beschäftigten Veränderungsprozesse als positive Herausforderung erleben.	☐	☐	☐	☐	☐	☐
der Beschäftigten Versprechungen misstrauen, eigenverantwortlich handeln zu dürfen.	☐	☐	☐	☐	☐	☐
der Beschäftigten über unzulängliche Führung klagen.	☐	☐	☐	☐	☐	☐
der Führungskräfte der Komplexität ihrer Aufgaben gewachsen sind.	☐	☐	☐	☐	☐	☐
der Führungskräfte ihren Gestaltungsaufgaben gerecht werden.	☐	☐	☐	☐	☐	☐
der Organisationsmitglieder verunsichert sind.	☐	☐	☐	☐	☐	☐
der Organisationsmitglieder deprimiert sind.	☐	☐	☐	☐	☐	☐
der Beschäftigten zu ihren Vorgesetzten ein kooperatives Verhältnis haben.	☐	☐	☐	☐	☐	☐
der Beschäftigten regelmäßig Überstunden leisten.	☐	☐	☐	☐	☐	☐

Bitte beurteilen Sie auf der Grundlage Ihrer eigenen Erfahrungen als Berater/in in Organisationen die folgenden Aussagen:

	hat stark zugenommen	hat zugenommen	hat leicht zugenommen	ist etwa gleich geblieben	hat leicht abgenommen	hat abgenommen	hat stark abgenommen	kann ich nicht einschätzen
Die Verbundenheit der Beschäftigten mit ihrer Organisation …	☐	☐	☐	☐	☐	☐	☐	☐
Die Neigung der Beschäftigten, auf geplante Veränderungsprozesse gleichgültig zu reagieren …	☐	☐	☐	☐	☐	☐	☐	☐
Das Bedürfnis nach sozialer Anerkennung unter Kollegen …	☐	☐	☐	☐	☐	☐	☐	☐
Das Bedürfnis nach sozialer Anerkennung durch Vorgesetzte …	☐	☐	☐	☐	☐	☐	☐	☐
Das Konkurrenzdenken unter den Beschäftigten …	☐	☐	☐	☐	☐	☐	☐	☐
Die Arbeitszufriedenheit …	☐	☐	☐	☐	☐	☐	☐	☐
Die Aushöhlung professioneller Standards …	☐	☐	☐	☐	☐	☐	☐	☐
Die Arbeitsintensität in den Organisationen …	☐	☐	☐	☐	☐	☐	☐	☐
Die Führungskompetenz von Führungskräften in Organisationen …	☐	☐	☐	☐	☐	☐	☐	☐
Die Anforderung an Beschäftigte, ihre Arbeitsfähigkeit aufrechtzuerhalten …	☐	☐	☐	☐	☐	☐	☐	☐
Die Sorge der Beschäftigten um ihre berufliche Zukunft …	☐	☐	☐	☐	☐	☐	☐	☐

Bitte beurteilen Sie wiederum auf der Grundlage Ihrer eigenen Erfahrungen als Berater/in in Organisationen die folgenden Aussagen:

	haben stark zugenommen	haben zugenommen	haben leicht zugenommen	sind etwa gleich geblieben	haben leicht abgenommen	haben abgenommen	haben stark abgenommen	kann ich nicht einschätzen
Die Selbstentfaltungsmöglichkeiten der Beschäftigten …	☐	☐	☐	☐	☐	☐	☐	☐
Atypische Beschäftigungsverhältnisse (wie etwa befristete Arbeitsverträge, Leiharbeit und Scheinselbstständigkeit) …	☐	☐	☐	☐	☐	☐	☐	☐
Psychophysische Belastungen …	☐	☐	☐	☐	☐	☐	☐	☐
Burn-Out-Phänomene …	☐	☐	☐	☐	☐	☐	☐	☐
Erkrankungen aufgrund hoher Arbeitsbelastungen haben …	☐	☐	☐	☐	☐	☐	☐	☐

Vielen Dank für Ihre Teilnahme an der Untersuchung.

Anhang 3

Programm der Tagung zur Studie, Tutzing

Riskante Arbeitswelt im Spiegel der Supervision

Veränderungsdynamik und deren Folgen – Arbeit und Leben in Organisationen

Die Arbeitswelt verändert sich schnell und zum Teil dramatisch. Neben den großen Linien – wie der Globalisierung oder dem technischen und demographischen Wandel – zeichnen sich vielfältige Veränderungen im Mikrobereich von Organisationen und Unternehmen und für die dort tätigen Mitarbeitenden ab.

Das Forschungsprojekt „Arbeit und Leben in Organisationen 2008" – verantwortet durch eine Forschendengruppe des Sigmund-Freud-Instituts Frankfurt/Main und des Lehrstuhls für Industrie- und Techniksoziologie der TU Chemnitz – ging den Fragen nach: Wie wirken sich die arbeitsweltlichen Veränderungen aus Sicht von Supervisor/innen auf die Beschäftigten aus? Welche Veränderungen lassen sich von Beratungsanlässen und Beratungsbedarfen feststellen? Insbesondere wurde die psychosoziale Situation der Beschäftigten erforscht und untersucht, welchen neuen Belastungen Menschen heute am Arbeitsplatz standhalten müssen.

Die Community der Supervisor/innen mit ihrem Fokus auf personale, interaktive und organisationsbezogene Aspekte von Beratung in der Arbeitswelt leistet durch ihre Tätigkeit einen wertvollen Beitrag zu nachhaltiger Personal- und Organisationsentwicklung – diesem Anspruch gerecht zu werden, ist das Interesse der Deutschen Gesellschaft für Supervision, die dieses Forschungsprojekt fördert.

Die Ergebnisse der Studie werden auf der Tagung vorgestellt und diskutiert. Vor dem Hintergrund der Studie behandeln Vertreter/innen aus unterschiedlichen Organisationen und Unternehmen in Workshops verschiedene Aspekte der Veränderungsdynamik und deren Auswirkungen in Unternehmen und anderen Organisationen. In Vorträgen werden relevante Organisationsaspekte wie Emotionen und Verantwortung sowie mögliche Konsequenzen, auch für die Beratung, thematisiert.

Zur Diskussion mit Praktiker/innen, Wissenschaftler/innen und verantwortlichen Vertreter/innen aus Organisationen und Unternehmen laden wir alle an der Thematik Interessierten sehr herzlich nach Tutzing ein!

Wir freuen uns, diese Veranstaltung zugleich auch als fachlichen Höhepunkt im Rahmen der Veranstaltungen zum 20jährigen Bestehen der Deutschen Gesellschaft für Supervision im Schloss Tutzing zu begehen.

Prof. Dr. Dr. Rolf Haubl, Sigmund-Freud-Institut, Frankfurt
Dr. Brigitte Hausinger, Deutsche Gesellschaft für Supervision, Taufkirchen
Dr. Martin Held, Evangelische Akademie Tutzing
Prof. Dr. G. Günter Voß, Universität Chemnitz

PROGRAMM

Mittwoch, 18. März 2009

Ab 13.30 Uhr Anreise

14.30 Uhr Beginn der Tagung mit Stehkaffee/-tee

15.00 Uhr **Begrüßung und Einführung in die Tagungsthematik**
Dr. Martin Held, Evangelische Akademie Tutzing
Prof. Dr. Bernhard Lemaire, Vorsitzender Deutsche Gesellschaft für Supervision, München

Grußwort
Dr. Wolfgang Knopf, Präsident Association of National Organisations for Supervision in Europe (ANSE), Wien

15.30 Uhr **Arbeit und Leben in Organisationen 2008**
Ergebnisse der Studie*
Prof. Dr. Dr. Rolf Haubl, Sigmund-Freud-Institut, Frankfurt
und
Prof. Dr. Dr. G. Günter Voß, Universität Chemnitz, Industrie- und Techniksoziologie

16.45 Uhr Pause

17.15 Uhr **Diskussion der Forschungsergebnisse**
in Kleingruppen

18.15 Uhr Abendessen

19.15 Uhr **Emotionsarbeit: Gestern und Heute**
Prof. Dr. Daniela Rastetter, Professur für Personal, Organisation und Gender Studies, Universität Hamburg

20.45 Uhr informelle Gespräche in den Salons

Donnerstag, 19. März 2009

08.00 Uhr **„denn ich will euch eine Zukunft und eine Hoffnung geben"** (Jeremia 29, 11)
Einstimmung in den Tag in der Schlosskapelle

---

* Zentrale Aussagen der Studie finden sich im Internet auf der Akademiehomepage www.ev-akademie-tutzing.de unter Programm/chronologisch ab 2. März 2009.

09.00 Uhr	**VERÄNDERUNGSDYNAMIK UND DEREN AUSWIRKUNGEN**	12.30 Uhr	Mittagessen
		14.00 Uhr	**Die Pflicht des Stärkeren – Über die Verantwortlichkeit von Organisationen** *Prof. Dr. Günther Ortmann*, Professor für Allgemeine Betriebswirtschaftslehre, Helmut-Schmidt-Universität Hamburg
	Parallele Workshops mit Fallberichten aus der Arbeitswelt I		
	(1) Arbeitsagentur *Michael Kühn*, Geschäftsführer Personal/Organisationsentwicklung, Bundesagentur für Arbeit, Zentrale, Nürnberg		
		15.15 Uhr	Stehkaffee/-tee
	(2) Finanzdienstleistungen *Marlene Schildmayer*, Referatsleiterin Betriebsorganisation, Allianz Deutschland, München	15.45 Uhr	**Flexibilisierte Arbeitswelt** Antworten aus der Perspektive der Supervision *Dr. Brigitte Hausinger*, Dipl. Supervisorin, Vorstandsmitglied DGSv, Taufkirchen *PD Dr. Gertrud Siller*, Supervisorin, Vertretungsprofessorin, Fh Bielefeld *PD Dr. Erhard Tietel*, Akademie für Arbeit und Politik, Universität Bremen *Sabine Wengelski-Strock*, Supervisorin, stellvertretende Vorsitzende DGSv, Wuppertal
	(3) Polizei *Prof. Dr. Rafael Behr*, Hochschule der Polizei, Hamburg		
	(4) Schule *Dr. Heinz Lehmeier*, Leiter Pädagogisches Institut, Landeshauptstadt München		
	(5) Wirtschaftsunternehmen *Joachim Velten*, Bereichsleiter Unternehmensservice, Bildungswerk HESSEN METALL und Bildungswerk der Hessischen Wirtschaft, Bad Nauheim	17.15 Uhr	Pause
		17.45 Uhr	**Arbeit und Leben in Organisationen – Perspektiven** *Prof. Dr. Dr. Rolf Haubl*, Frankfurt und *Prof. Dr. G. Günter Voß*, Chemnitz
10.30 Uhr	Stehkaffee/-tee		
11.00 Uhr	**VERÄNDERUNGSDYNAMIK UND DEREN AUSWIRKUNGEN** Parallele Workshops mit Fallberichten aus der Arbeitswelt II	19.00 Uhr	Buffet
		21.00 Uhr	**Feierabend bajuwarisch** mit *Josef Brustmann*, Musiker und Kabarettist, München
	(1) Klinik *Maija Becker-Kontio*, Abteilungsleiterin Klinikkommunikation/ Projektentwicklung, Holding pro homine, Wesel-Emmerich	Anschließend	informelle Gespräche in den Salons
	(2) Luftfahrt *Dr. Wolfgang Knopf*, Systeam Organisationsberatung Wien/Athen, ARGE Trainer Improvement Program - TIP Wien		**Freitag, 20. März 2009**
	(3) Non-Profit-Organisation *Veronika Schlosser*, Leitung Personalentwicklung, Augustinum, München	08.00 Uhr	„Vertraut den neuen Wegen, auf die der Herr uns weist" Einstimmung in den Tag und Reisesegen in der Schlosskapelle
	(4) Öffentliche Verwaltung *Dr. Thomas Böhle*, Personal- und Organisationsreferent, Landeshauptstadt München und Präsident Vereinigung der kommunalen Arbeitgeberverbände	08.15 Uhr	Ende der Tagung mit dem Frühstück
		bis 10.00 Uhr	Abreise
	(5) Pharmaindustrie *Dr. Thomas Schnelle*, Geschäftsführer, Metaplan, Quickborn		

TAGUNGSTEAM
- Prof. Dr. Dr. Rolf Haubl, Sigmund-Freud-Institut, Frankfurt
- Dr. Brigitte Hausinger, Deutsche Gesellschaft für Supervision, Taufkirchen
- Dr. Martin Held, Evangelische Akademie Tutzing
- Prof. Dr. G. Günter Voß, Universität Chemnitz

TAGUNGSORGANISATION
Susanna Satzger,
beantwortet Ihre Anfragen zu der Veranstaltung in der Zeit von Montag bis Freitag von 9 Uhr bis 12 Uhr.
Telefon (0 81 58) 251-126; Telefax (0 81 58) 99 64 26
E-Mail: satzger@ev-akademie-tutzing.de

ANMELDUNG TAGUNG
Ihre Anmeldung erbitten wir schriftlich. Bitte verwenden Sie hierfür nach Möglichkeit die beiliegende Anmeldekarte. Ihre Anmeldung wird **nicht bestätigt** und ist verbindlich, sollten Sie von uns nicht spätestens eine Woche vor Tagungsbeginn eine Absage wegen Überbelegung erhalten.
**Ihre Anmeldung ist nur für die gesamte Tagung möglich.
Anmeldeschluss ist der 10. März 2009.**

ABMELDUNG TAGUNG
Sollten Sie kurzfristig an der Teilnahme verhindert sein, bitten wir bis **spätestens zum 10. März 2009** um entsprechende schriftliche Benachrichtigung, andernfalls werden Ihnen 50 % des vollen Preises (bei Ermäßigung ausgehend vom vollen Preis), mit Tagungsbeginn 100 % der von Ihnen bestellten Leistung in Rechnung gestellt.

ERMÄSSIGUNG
Eine Ermäßigung erhalten Auszubildende, SchülerInnen, StudentInnen (bis zum vollendeten 30. Lebensjahr), Zivildienstleistende, Wehrpflichtige und Arbeitslose gegen Vorlage ihres aktuellen Ausweises.

PREISE
für die gesamte Tagungsdauer:		Ermäßigung
Teilnahmebeitrag*	€ 120,00	€ 60,00
Vollpension im Einzelzimmer**	€ 145,00	€ 72,50
Vollpension im Doppelzimmer	€ 105,00	€ 52,50
Verpflegung	€ 45,00	€ 22,50
(ohne Übernachtung und Frühstück)		

*) Schloss€uro
Im Teilnahmebeitrag sind 5.- € für die STIFTUNG SCHLOSS TUTZING enthalten. Die Stiftung hat es sich zur Aufgabe gemacht, für den Erhalt des denkmalgeschützten Gesamtensembles «Schloss und Park Tutzing» Sorge zu tragen. Möchten Sie darüber hinaus einen höheren Betrag der Stiftung zukommen lassen, stellen wir Ihnen gerne eine Spendenbescheinigung aus.

**) Kurzzeitzuschlag bei Buchung von nur einer Übernachtung: € 5.-

Wir bitten um Begleichung bei Anreise durch Barzahlung oder EC-Karte. Bestellte und nicht in Anspruch genommene Einzelleistungen können nicht rückvergütet werden.

Die bpb Bundeszentrale für politische Bildung hat für diese Tagung einen Zuschuss in Aussicht gestellt.

VERKEHRSVERBINDUNGEN
Ab München Hbf: (S6, Tiefgeschoss) bis Endstation Tutzing oder Regionalbahn der Richtung München - Garmisch bzw. Kochel. Fußweg vom Bahnhof zur Akademie: 10 Minuten. Mit dem Auto fahren Sie von München auf der Autobahn in Richtung Garmisch bis zur Abzweigung Starnberg, von Starnberg auf der B2 bis Traubing, nach Traubing Abzweigung links nach Tutzing.
Wenn Sie bei Ihrer Anreise noch jemanden mitnehmen wollen oder selbst eine Mitfahrgelegenheit suchen, empfehlen wir folgende Internetadresse: www.bahn.de (Mitfahrerbörse).

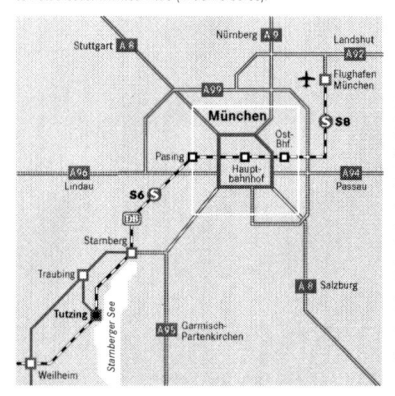

GÜNSTIGE S-BAHN BZW. ZUGVERBINDUNGEN
(unverbindlich da neuer Fahrplan noch nicht bekannt)

	DB	S6	S6
ab München-Hbf.	12.51 Uhr	13.32 Uhr	13.51 Uhr
ab München-Pasing	13.00 Uhr	13.39 Uhr	14.00 Uhr
an Tutzing	13.36 Uhr	13.59 Uhr	14.36 Uhr
	RB	S6	RB
ab Tutzing	9.00 Uhr	9.04 Uhr	10.00 Uhr
an München-Pasing	9.21 Uhr	9.37 Uhr	10.21 Uhr
an München-Hbf	9.27 Uhr	9.47 Uhr	10.27 Uhr

Tagungsnummer: 0212009

Deutsche Gesellschaft für Supervision
Lütticher Straße 1-3 • 50674 Köln
www.dgsv.de • info@dgsv.de

Evangelische Akademie Tutzing
Schloss-Straße 2+4 · D-82327 Tutzing
Internet: www.ev-akademie-tutzing.de

Anhang 4

Programm der Tagung zur Studie, Berlin

Evangelische Akademie Tutzing

SFI
Sigmund-Freud-Institut

TECHNISCHE UNIVERSITÄT CHEMNITZ

Veränderungsdynamik und deren Folgen

Arbeit und Leben in Organisationen

22./23. Oktober 2009
Tagungsort: Berlin

◀DGSv
Deutsche Gesellschaft für Supervision e.V.

Veränderungsdynamik und deren Folgen
Arbeit und Leben in Organisationen

Die Arbeitswelt verändert sich schnell und zum Teil dramatisch. Neben den großen Linien – wie der Globalisierung oder dem technischen und demographischen Wandel – zeichnen sich vielfältige Veränderungen im Mikrobereich von Organisationen und Unternehmen und für die dort tätigen Mitarbeitenden ab.

Das Forschungsprojekt „Arbeit und Leben in Organisationen 2008" – verantwortet durch eine Forschendengruppe des Sigmund-Freud-Instituts Frankfurt/Main und des Lehrstuhls für Industrie- und Techniksoziologie der TU Chemnitz – ging den Fragen nach: Wie wirken sich die arbeitsweltlichen Veränderungen aus Sicht von Supervisor/innen auf die Beschäftigten aus? Welche Veränderungen von Beratungsanlässen und Beratungsbedarfen lassen sich feststellen? Insbesondere wurde die psychosoziale Situation der Beschäftigten erforscht und untersucht, welchen neuen Belastungen Menschen heute am Arbeitsplatz standhalten müssen.

Die Community der Supervisor/innen mit ihrem Fokus auf personale, interaktive und organisationsbezogene Aspekte von Beratung in der Arbeitswelt leistet durch ihre Tätigkeit einen wertvollen Beitrag zu nachhaltiger Personal- und Organisationsentwicklung – diesem Anspruch gerecht zu werden, ist das Interesse der Deutschen Gesellschaft für Supervision e.V., die dieses Forschungsprojekt gefördert hat.

Die Ergebnisse der Studie sind im Heft 1.2009 des Informationsdienstes *Positionen* bei Kassel university press veröffentlicht und erstmalig im März 2009 mit einer Tagung der Evangelischen Akademie Tutzing präsentiert worden. Die große Resonanz dieser ersten Tagung hat zu deren zweitem Angebot in Berlin geführt. Vor dem Hintergrund der Studie behandeln Vertreter/innen aus unterschiedlichen Organisationen und Unternehmen in Workshops verschiedene Aspekte der Veränderungsdynamik und deren Auswirkungen in Unternehmen und anderen Organisationen. In Vorträgen werden relevante Organisationsaspekte wie Emotionen und Verantwortung sowie mögliche Konsequenzen thematisiert.

Zur Diskussion mit Praktiker/innen, Wissenschaftler/innen und verantwortlichen Vertreter/innen aus Organisationen und Unternehmen laden wir alle an der Thematik Interessierten sehr herzlich nach Berlin ein!

Prof. Dr. Dr. Rolf Haubl, Sigmund-Freud-Institut, Frankfurt
Dr. Brigitte Hausinger, Deutsche Gesellschaft für Supervision e.V., Taufkirchen
Dr. Martin Held, Evangelische Akademie Tutzing
Prof. Dr. G. Günter Voß, Technische Universität Chemnitz

Programm

Donnerstag, 22. Oktober 2009

ab 12.00 Uhr Anreise/Anmeldung

12.30 Uhr Beginn der Tagung mit Stehkaffee/-tee

13.00 Uhr Begrüßung und Einführung in die Tagungsthematik
Dr. Martin Held, Evangelische Akademie Tutzing
Prof. Dr. Bernhard Lemaire, Vorsitzender Deutsche Gesellschaft für Supervision e.V., München

13.30 Uhr Arbeit und Leben in Organisationen 2008
Ergebnisse und Diskussion der Studie*
Prof. Dr. Rolf Haubl und *Ullrich Beumer*, Sigmund-Freud-Institut, Frankfurt
Prof. Dr. G. Günter Voß und *Dr. Ingo Matuschek*, Technische Universität Chemnitz, Industrie- und Techniksoziologie

15.00 Uhr Stehkaffee/-tee und Kuchen

15.30 Uhr **Veränderungsdynamik und deren Auswirkungen**
Parallele Workshops mit Fallberichten aus der Arbeitswelt I

(1) Finanzdienstleistungen
Marlene Schildmayer, Referatsleiterin Betriebsorganisation, Allianz Deutschland, München

(2) Öffentliche Verwaltung
Dr. Thomas Böhle, Personal- und Organisationsreferent, Landeshauptstadt München und Präsident Vereinigung der kommunalen Arbeitgeberverbände, München

(3) Polizei
Prof. Dr. Rafael Behr, Hochschule der Polizei, Hamburg

(4) Universität
Prof. Dr. Heidi Möller, Universität, Kassel

(5) Kirche
Propst Siegfried Kasparick, stellvertretender Bischof der Evangelischen Kirche Mitteldeutschland (EKM), Regionalbischof für den Propstsprengel Halle-Wittenberg, Lutherstadt Wittenberg
Dr. Friedrich-Wilhelm Lindemann, TRICON Unternehmensberatung GmbH, Berlin

17.00 Uhr Pause

17.30 Uhr **Veränderungsdynamik und deren Auswirkungen**
Parallele Workshops mit Fallberichten aus der Arbeitswelt II

(1) Arbeitsagentur
Michael Kühn, Geschäftsführer Personal/Organisationsentwicklung, Bundesagentur für Arbeit, Zentrale, Nürnberg

(2) Klinik
Maija Becker-Kontio, Abteilungsleiterin Klinikkommunikation/ Projektentwicklung, Holding pro homine, Wesel-Emmerich

(3) Non-Profit-Organisation
Veronika Schlosser, Leitung Personalentwicklung, Augustinum, München

(4) Schule
Käthe Kruse, Supervisorin DGSv, Referat Weiterbildung, lebenslanges Lernen, Senatsverwaltung für Bildung, Wissenschaft und Forschung, Berlin
Axel Friede, Leiter der Schulinspektion, Senatsverwaltung für Bildung, Wissenschaft und Forschung, Berlin

(5) Wirtschaftsunternehmen
N.N.

* Die Studie ist veröffentlicht unter www.upress.uni-kassel.de

19.00 Uhr	Abendessen
20.00 Uhr	**Emotionsarbeit: Gestern und Heute** *Prof. Dr. Daniela Rastetter*, Professur für Personal, Organisation und Gender Studies, Universität Hamburg
21.15 Uhr	Informelle Gespräche...

Freitag, 23. Oktober 2009

9.00 Uhr	**Die Pflicht des Stärkeren – Über die Verantwortlichkeit von Organisationen** *Prof. Dr. Günther Ortmann*, Professur für Allgemeine Betriebswirtschaftslehre, Helmut-Schmidt-Universität Hamburg
10.15 Uhr	Stehkaffee/-tee
10.45 Uhr	**Flexibilisierte Arbeitswelt** Antworten aus der Perspektive der Supervision und Diskussion *Dr. Brigitte Hausinger*, Dipl. Supervisorin, Vorstandsmitglied DGSv, Taufkirchen *PD Dr. Gertrud Stier*, Supervisorin, Vertretungsprofessorin, FH Bielefeld *PD Dr. Erhard Tietel*, Akademie für Arbeit und Politik, Universität Bremen *Sabine Wengelski-Strock*, Supervisorin, stellvertretende Vorsitzende DGSv, Wuppertal
12.15 Uhr	**Arbeit und Leben in Organisationen – Perspektiven** *Prof. Dr. Dr. Rolf Haubl* und *Prof. Dr. G. Günter Voß*
13.00 Uhr	Ende der Tagung

Anmeldecoupon
Hiermit melde ich mich zur DGSv-Fachtagung Veränderungsdynamik und deren Folgen am **22./23.10.2009** in Berlin an:

_____
Name/Vorname

_____
Straße/Haus-Nr.

_____
PLZ/Ort

_____
E-Mail

Den Tagungsbeitrag in Höhe von Euro 165,- überweise ich auf das Konto der DGSv, Sparkasse KölnBonn, BLZ 370 501 98, Kto-Nr. 56 562 952 bis spätestens 08.10.2009. Die Anmelde- und Stornobedingungen habe ich zustimmend zur Kenntnis genommen.

_____
Unterschrift/Datum

DGSv
Deutsche Gesellschaft für Supervision e.V.
Birgit Weltermann
Lütticher Str. 1-3
50674 Köln

Tagungsteam
Prof. Dr. Dr. Rolf Haubl, Sigmund-Freud-Institut, Frankfurt
Dr. Brigitte Hausinger, Deutsche Gesellschaft für Supervision e.V., Taufkirchen
Dr. Martin Held, Evangelische Akademie Tutzing
Prof. Dr. G. Günter Voß, Technische Universität Chemnitz

Tagungsorganisation
Birgit Weltermann

Anmeldung
formlos per E-Mail oder Telefon oder mit dem beiliegenden
Anmeldecoupon an
Deutsche Gesellschaft für Supervision e.V.
Birgit Weltermann
Lütticher Str. 1-3, 50674 Köln
Tel.: 0221/92004-13
birgitweltermann@dgsv.de
Ihre Anmeldung wird wirksam mit der Überweisung des Tagungsbeitrags. Wir berücksichtigen die Anmeldung in der Reihenfolge des Eingangs und bestätigen diesen formlos.

Stornierung
Bis zum 08.10.2009 kostenfrei. Danach ist eine Stornogebühr von 50,00 Euro zu entrichten. Eine/n Ersatzteilnehmer/in akzeptieren wir selbstverständlich gerne.

Tagungsbeitrag
Euro 165,00 inkl. Verpflegung und nichtalkoholische Getränke

Tagungsort
Jerusalemkirche
10969 Berlin, Lindenstr. 85
Tel.: 030/41 72 42 0
Fax: 030/41 72 42 10
www.umweltforum-berlin.de

Anfahrt mit öffentlichen Verkehrsmitteln ab Hauptbahnhof Berlin
• jede S-Bahn auf Gleis 15 bis Bahnhof Friedrichstr. (1 Station), dann U6 in Richtung Alt-Mariendorf bis Kochstr./Checkpoint Charlie, von dort aus 5 Min. Fußweg
• Bus 248, M29 bis Jüdisches Museum
weitere Informationen unter www.umweltforum-berlin.de

Hotels in der Nähe der Jerusalemkirche
Mit einigen Hotels in der näheren Umgebung bestehen Kooperationen mit dem Umweltforum. Unter Angabe des Buchungscodes können außerhalb der Messezeiten Preise zu besonderen Konditionen gewährt werden.

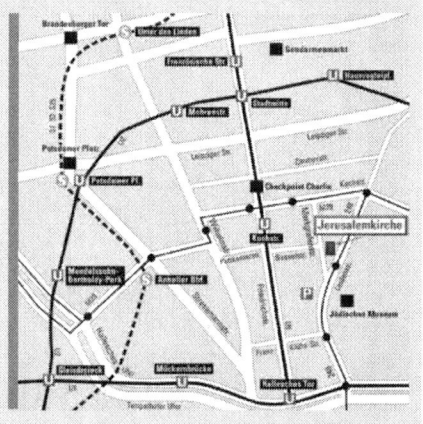

Angleterre Hotel**
Friedrichstraße 31d
10969 Berlin
Fon: 030 - 20 21 3 700
www.gold-inn.de/angleterre
Buchungscode Umweltforum

Mövenpick Hotel**
Schöneberger Straße 3
10963 Berlin
Fon: 030 - 293 75-0
www.moevenpick-hotels.com
Buchungscode Umweltforum

Winter's Hotel Berlin Mitte **
Hedemannstr. 11/12
10969 Berlin
Fon: 030 - 319 861 80
www.winters.de
Buchungscode Umweltforum

nh Berlin-Mitte**
Leipziger Str. 106-111
10117 Berlin
Fon: 030 – 20 376 0
www.nh-hotels.com
Buchungscode Umweltforum

relexa hotel**
Anhalter Straße 8-9
10963 Berlin
Fon: 030 - 26483 0
www.relexa-hotels.de
Buchungscode Umweltforum

Ibis Berlin Potsdamer Platz **
Anhalter Str. 4
10963 Berlin
Fon: 030 – 26 10 50
www.ibishotel.de
Buchungscode Umweltforum

Zusammenfassung

Beschäftigte am Rande der Erschöpfung: Studie zeigt erhebliche psycho-soziale Probleme in deutschen Unternehmen und Organisationen

Die Arbeitswirklichkeit unterliegt tiefgreifenden Veränderungen, die in den letzten Jahren drastisch an Geschwindigkeit zugenommen haben. Es häufen sich Hinweise, dass daraus Folgen von großer Tragweite für betroffene Berufstätige wie aber auch für die Unternehmen und Organisationen selbst entstehen. So wird berichtet, dass *psychische Belastungen, Burn-Out-Phänomene* und eine *Verschlechterung des Betriebsklimas* zunehmen.

Diesen und anderen psycho-sozialen Auswirkungen des Wandels der Arbeitswelt sind das *Sigmund-Freud-Institut Frankfurt a.M.* und die *Professur für Industrie- und Techniksoziologie der Technischen Universität Chemnitz* in einer von der Deutschen Gesellschaft für Supervision e.V. (DGSv) geförderten Studie „Arbeit und Leben in Organisationen 2008" nachgegangen. Basis der Studie sind eine Mitte 2008 durchgeführte begrenzte Serie von Intensivbefragungen und Gruppendiskussionen mit Supervisor/innen und Organisationsberater/innen der DGSv sowie eine standardisierte Umfrage mit ca. 1.000 Mitgliedern der DGSv. Die Einschätzungen dieser Berater/innen stellen eine bedeutsame Expertise zu Themen der Arbeitswirklichkeit dar.

Die vorliegenden *Befunde* zeigen in aller Deutlichkeit, dass es in Organisationen in Deutschland atmosphärisch alles andere als gut steht:

Weithin berichten die Organisationsexpert/innen von sich *verselbständigenden permanenten Umbauten* in den Organisationen, deren Sinn die Beschäftigten oft nicht mehr nachvollziehen können. Sie berichten eindringlich von stark belasteten Mitarbeitern und sogar von einer *wachsenden „psychische Not"* (nicht selten am Rande der Erkrankung). Durchgehend berichtet wird von einem breitflächigen *Sinken der Identifikation mit den Organisationen* und von einem wachsenden *Zwang, professionelle Standards und Arbeitsqualität zu verletzen*, um kurzfristige ökonomische Zielmargen zu erfüllen. Auffällig ist nicht zuletzt, dass der Wandel bei den Betroffenen einen hohen Bedarf an *qualifizierter Führung* und Unterstützung zur Folge hat, dem das Management der Betriebe aber nur selten entspricht – kurz: *Führungskräfte* scheinen in vielen Bereichen *selber überfordert*.

Ob eine hohe Arbeitsintensität zu gesundheitlichen Beeinträchtigungen bei den Beschäftigten führt, hängt unter anderem davon ab, inwieweit Halt gebende Faktoren in den Organisationen vorhanden sind. Beschäftigte, deren Arbeitsbeziehungen zu Vorgesetzten und Kollegen tragfähig sind und die zudem über gute Arbeitsbedingungen verfügen, sind gesundheitlich weniger gefährdet. Dabei sollten Beschäftigte allerdings nicht zu sehr auf die Fürsorge ihrer Vorgesetzten vertrauen: Sind sie in der Lage, die eigenen Arbeitsbedingungen kritisch zu hinterfragen, sich aktiv um die Ressourcen zu bemühen, die sie zur Erledigung ihrer Aufgaben benötigen und die an sie gestellten Anforderungen gegebenenfalls in Frage zu stellen, sofern sie ihnen als nicht sinnvoll erscheinen, ist es um ihre Chancen, die eigene Gesundheit zu erhalten, noch besser gestellt. Hierbei ist Supervision für Beschäftigte und Organisationen oftmals von großem Nutzen, weil mit ihrer Hilfe bestehende Arbeitsbedingungen kritisch hinterfragt und in einigen Fällen zu Gunsten sowohl der Beschäftigten, als auch der Organisation verändert werden können. Supervision, so zeigen die Ergebnisse, regt dazu an, vorhandene institutionelle und individuelle Handlungsspielräume auszuloten und nutzbar zu machen, die oftmals in der Hektik des Arbeitsalltags übersehen werden.

Insgesamt entsteht allerdings der Eindruck, dass der ökonomische Druck der letzten Jahre und der daraus entstehende ständige Reformzwang in vielen Bereichen zu einer höchst problematischen ‚Blase' *sich verdichtender Probleme in Organisationen* geführt hat, die lange Zeit kaum wahrgenommen und offen diskutiert wurde, nun aber ‚*platzen*' könnte.

Abstract

Employees on the brink of exhaustion: study reveals significant psycho-social problems in German firms and organisations

The everyday reality of working life is undergoing profound changes that have drastically accelerated over recent years. There are increasing indications that this can have far-reaching implications both for the staff affected and for the companies and organisations themselves. For instance, there are reports of a growing number of cases of *mental stress, burn-out* and a *deterioration of the working atmosphere*.

These and other psycho-social consequences of change in working life are examined by the *Sigmund Freud Institute in Frankfurt am Main* and the *Chair of Industrial and Technical Sociology of Chemnitz Technical University* in a study entitled „Work and Life in Organisations 2008" supported by the DGSv (German Society for Counselling Supervision e.V.). The basis of the study is a limited series of intensive surveys and group discussions held in mid-2008 with counselling supervisors and organisational consultants of the DGSv, as well as a standardised questionnaire to about 1000 DGSv members. The collected observations of these consultants have resulted in a significant expert report on the issue of the everyday reality of working life.

The *findings presented* demonstrate quite clearly that the atmosphere of organisations in Germany is far from satisfactory:

Many of the comments of the organisational and management experts speak of *ongoing restructuring processes taking on a life of their own* within the organisation, whose purpose the employees often cannot understand. In their report they alert to *staff working under severe stress* and even to growing „*mental distress*" (often bordering on illness). Much of the commentary focuses on a generalised and growing *lack of identification with the organisation* and increasing *necessity to compromise professional standards and work quality* in order to satisfy short-term economic targets. It also stands out very clearly that for those affected by change there is a high *need for skilled guidance* and support, which, on the other hand, is rarely able to be provided by the company management. In short, *senior management itself* appears to be *overstrained* in many areas.

The question of whether high-intensity work patterns have a damaging effect on the health of staff depends, among other things, on the extent to which there is support available within the organisation. Employees who have good sustainable working relationships with their managers and colleagues and also enjoy good working conditions, are at less risk when it comes to their health. But at the same time employees should not put all their trust in the support and goodwill of their managers: if they are able to critically assess their own working conditions, to work actively at obtaining the resources they need to perform the tasks they are entrusted with, and if necessary to call into question the demands placed upon them when these seem unreasonable, their chances of staying healthy themselves are so much the better. In this context, counselling supervision is often very useful both for the staff and the organisation, in that the supervisors can assist in challenging the existing working conditions and in some cases make changes for the benefit of both the employees and the organisation itself. The results demonstrate that the role of counselling supervision is to encourage getting to the bottom of and turn to good use the existing institutional and individual scope for action, something which can often be lost sight of in the hectic pace of the day-to-day work situation.

Overall though, there is a strong impression that the economic pressure of recent years and, as an outcome of this pressure, the endless drive for restructuring have resulted in many areas in a very worrying ‚bubble‘ *of accumulating problems within organisations* which has remained almost unnoticed and unmentioned in open discourse for a long time, but which could now ‚burst‘.

Interdisziplinäre Beratungsforschung

Herausgegeben von Stefan Busse, Rolf Haubl, Heidi Möller und Christiane Schiersmann

»Interdisziplinäre Beratungsforschung« ist eine von der Deutschen Gesellschaft für Supervision (DGSv) geförderte Buchreihe, die den neuen Zweig »Beratungswissenschaft« begleiten und mit gestalten will.

Band 1:
Rolf Haubl / Brigitte Hausinger (Hg.)
**Supervisionsforschung:
Einblicke und Ausblicke**
2009. 251 Seiten, kartoniert
ISBN 978-3-525-40325-9

Supervision hat sich in vielen arbeitsweltlichen Handlungsfeldern etabliert. Die überwiegend praxisbezogene Methode ist gefordert, ihre Kenntnisstände zu überprüfen und wissenschaftlich zu fundieren. „Ein wichtiger Beitrag zum Dialog von akademischer Forschung und supervisorischer Praxis!" (Peter Schröder, www.socialnet.de)

Band 2: Heidi Möller
Beratung in einer ratlosen Arbeitswelt
2010. 204 Seiten, karoniert
ISBN 978-3-525-40326-6
E-Book:
ISBN 978-3-647-40326-7

Die Arbeitswelt hat sich in den letzten Jahren rasant verändert. Einzel-, Team- und Unternehmensberatung haben Hochkonjunktur. Einen Überblick über theoretische Zugänge und praktische Lösungen bietet dieses Buch.

Band 3:
Stefan Busse / Susanne Ehmer (Hg.)
Wissen wir, was wir tun?
Beraterisches Handeln in Supervision und Coaching
2010. 237 Seiten mit 6 Abb. und 5 Tab., kartoniert
ISBN 978-3-525-40234-4

Was in der Supervision entfaltet wie seine Wirksamkeit? Wie beeinflussen Beraterkonzepte Beraterhandeln? Wie lässt sich explizites und implizites Wissen im Coaching besser nutzen und zugänglich machen?

»Als [...] interessierte Praktiker konnten wir auch für unsere Praxis interessante Anregungen mitnehmen und freuen uns über eine neue Qualität der Beziehung von Praxis und Wissenschaft.«
Carla van Kaldenkerken, Socialnet

Band 4: Michael Scherf
Strukturen der Organisationsberatungsinteraktion
Objektiv hermeneutische Untersuchung zur Professionalisierungsbedürftigkeit der Organisationsberatung
2010. 405 Seiten, kartoniert
ISBN 978-3-525-40329-7
E-Book:
ISBN 978-3-647-40329-8

Der Bedarf an Beratung von Organisationen reißt nicht ab. Was macht diese Beratungsform jedoch aus? Wie wirkt sie? Mittels Interaktionsanalysen geht Michael Scherf diesen Fragen auf den Grund.

Vandenhoeck & Ruprecht